発達障害と結婚

吉濱ツトム
YOSHIHAMA, Tsutomu

イースト新書
099

はじめに

「結婚しないんですか？」

これは僕がセミナーの懇親会などで最もよく聞かれる質問です。これは、ひと昔前だったら、「どうして結婚しないんですか？」という聞き方をされていたところでしょう。

実際、年配の方のなかには、いまだにこのような聞き方をしてくる人がいます。この「どうして」には、結婚すべきだという価値観の押しつけと、結婚していない人に対する非難の気持ちが込められていると思うのは、僕の考えすぎでしょうか。

ともあれ、結婚するのも自由、結婚しないのも自由という、いい時代になりました。しかし、その半面、結婚したい人がなかなか結婚できない時代でもあるようです。僕のところにも、結婚に関する相談が増えてきました。

僕は発達障害の改善を中心にカウンセリングをしていますが、基本的に僕にアドバイスできることならなんでもOKというかたちにしているため、恋愛相談、夫婦や子育ての問題から、投資や会社経営に関する悩みまで、幅広く対応しています。

最初は発達障害の相談に来ていた人が、症状が改善されるにつれて発達障害以外の悩みを相談するようになっていくというパターンがほとんどです。発達障害の基本症状を改善するだけでいっぱいいっぱいだったのが、恋愛や結婚などさまざまなことに目が向くようになったわけですから、僕は喜んで相談に乗っています。

未婚の僕が結婚について相談を受けているというと不思議に思われるかもしれません。しかし、カウンセラーという職業上、多くの事例を見ているため、あらゆるケースに対してアドバイスできるだけの知見が深まっています。また、結局は人と人とのコミュニケーション。仕事、教育、恋愛、結婚、子育てなど人のあらゆる営みにおいて核となる部分は変わりません。

恋愛や結婚というのは相手とのコミュニケーションありき。発達障害を持つ人は基本的にあまりコミュニケーションが得意ではないため、どうしても問題が多発してしまうようです。本書では、これまでのカウンセリングをもとに、発達障害を持つ人が幸せな結婚生活を送るためのポイントをまとめています。

このところ、コミュニケーション力重視の風潮があり、結婚にかぎらず、社会生活全般において、発達障害者は「コミュ障」として肩身の狭い思いをすることが増えました。昔なら職人気質《かたぎ》として好意的に受け入れられることも多かった無愛想《ぶあいそ》な態度は、いまではクレームの対象となってしまいます。誰もが「コミュ上手《じょうず》」を求められるいまだからこそ、「コミュ力」が弱くて困っている発達障害者たちは、寄り添い、協力し合って、幸せな生活を築いてほしいと思うのです。

幸せな結婚をするためには、なんといっても発達障害の改善が最重要課題です。しかし、それは長期的な取り組みとなるため、「症状が治るまで待っていたら、婚期を逃しちゃいますよ」という声をたくさん聞いてきました。「来週、お見合いなんです」という切羽つまった人に対して何カ月もかかる方法を伝えても意味がありません。

本書では、婚活用のすぐに使えるテクニックから、結婚生活を幸せに過ごすための長期的取り組みまで網羅しています。状況に合わせて活用してみてください。

発達障害と結婚　目次

はじめに　003

第一章　なぜか「結婚できない」あなたへ

その原因は「発達障害」かもしれない　020
「アスペルガー」型発達障害の特徴　022
「ADHD」型発達障害の特徴　026
アスペルガー診断テスト　030
ADHD(多動衝動性優勢型)診断テスト　037
ADHD(不注意優勢型)診断テスト　044
「コミュ障」に厳しい結婚市場の現状　051
終身雇用の崩壊で「明るい将来像」が描けない　054

無口な「職人タイプ」が好まれない時代 055
「コミュ障」にはハードルの高い「婚活サービス」 057
発達障害者が婚活市場でモテない理由 063
なぜ、「仕事ができる」のに恋愛はうまくいかないのか 067
なぜ、美人でモテモテの女性でも結婚できないのか 069
社会全体から排除が進む「コミュ障」 071

第二章 発達障害者の婚活がうまくいかない理由

相談① ＡＤＨＤで彼との会話がうまくできない 076

一　コミュニケーション能力が低い　078
初対面の相手が苦手　079
そもそも会話ができない　080
面接のような会話をする　085
姿勢やしぐさに癖がある　087
自慢とネガティブな話題が多い　089
二　LINEやメールで自爆する　091
リアルタイム行動報告が多い　091
おかしなテンションになる　092
自己否定がひどい　093

とにかくしつこい 094
言葉づかいが硬い 094
言葉づかいが失礼すぎる 095
単純に面倒くさい 096

三 ファッションセンスが独特 098

おしゃれに無頓着 098
センスが奇抜すぎる 099
オタク系ファッションを好む 101

四
「自分の世界」に入り込んでいる 102
持論を押しつける 102
なんか偉そうに振る舞う 103
スピリチュアル系にハマっている 104
「結婚の目的」がズレている 106
五
そのほかの発達障害者に特有の考え方 108
初めての場所や人が怖くてデートができない 108
やたらとボディータッチしたがる 109
偏食すぎてレストランを選べない 110
デートの序盤から疲労困憊してしまう 111

ママがデートプランを考えてくれる　112
相談①への答え　録音、書き出し、読み上げで「コミュ障」を克服　113

第三章　発達障害者にとって「理想の相手」とは

発達障害者同士には相性がある　116
相性の良い発達障害者同士の組み合わせ　117
相性の悪い発達障害者同士の組み合わせ　119
惹かれ合いやすいが関係が悪化する発達障害者同士の組み合わせ　121
そもそも結婚に向いていない発達障害者のタイプ　123
「類似性」に惹かれるか、「補完性」に惹かれるか　125
健全な関係づくりから逃げる「回避依存」　128

相手に甘えて暴君になる「共依存」 131
「キャラをつくればいい」は大間違い 135
うまくいかない理由は「マッチング」の不備にある 137

第四章 発達障害者でも婚活に成功できる「一〇の方法」

相談② 彼がアスペルガーで結婚を躊躇している 140
まずはファッションに気を使う 141
自分のペースやスペースを確保する 143
会話は理屈より円滑さを重視する 145
相手にとって「重い女」「重い男」にならない 149
二次元やアイドルを基準に考えない 151

サプリメントで神経伝達物質の分泌をよくする 154
「セルフ実況」でメタ認知を回復させる 155
「ごめんなさい」「すみません」の連発をやめる 158
「ときめき」のあるセックスを目指す 158
「サンクコスト」にとらわれない 159
相談②への答え　行動の「マニュアル化」で理想の夫に 163

第五章　「幸せな結婚生活」のために知っておきたいこと

相談③　妻がＡＤＨＤで部屋を片づけられない 168
結婚は「終わり」ではなく「始まり」と考える 170
わかってもらえないことで自信を失う「カサンドラ症候群」 171

転職や失業で経済危機に陥りやすい 174
「共感性」の不足で夫婦生活に亀裂を走らせる 176
家庭生活に「合理性」を持ち込みすぎる 177
「興味がない」から家事に協力できない 178
「言うことを聞いて当然」と考えてモラハラを起こす 179
「こうしたい」がまったく見えない 181
慢性的な体調不良と情緒不安定に悩まされる 182
内面が子どもで相手に「親役」を求める 182
キャパシティーが狭くて家事が終わらない 184
発達障害者の結婚生活がうまくいく「八つの方法」 185
相談③への答え 「自分監視カメラ」でムダな動きを見える化 194

第六章　「幸せな結婚生活」を送るためのチェックリスト

相談④　アスペルガー夫の風俗通いが発覚　200
恋愛〜婚約期のチェックリスト　201
婚約〜結婚期のチェックリスト　205
結婚〜三カ月目のチェックリスト　206
三カ月目〜一年目のチェックリスト　208
一年目〜三年目のチェックリスト　210
子どもが生まれてからのチェックリスト　217
相談④への答え　「代償行為」で原因ストレスを解消　218

おわりに　221

構成：稲田和絵

第一章

なぜか「結婚できない」あなたへ

その原因は「発達障害」かもしれない

結婚や婚活について、僕が考える社会状況については本章の中盤でお話しすることにして、まずは発達障害の定義について確認しておきましょう。

発達障害というのは脳の器質障害を原因とする発達の異常です。コミュニケーションが苦手、暗黙のルールを理解できない、ミスが多いといった症状により、社会生活に困難を生じることがあります。日本人に多いのはアスペルガー症候群ですが、自閉症や注意欠如多動性障害（ＡＤＨＤ）、学習障害（ＬＤ）も発達障害に含まれます。

ＷＨＯ（世界保健機関）が発行したＩＣＤ（疾病《しっぺい》及び関連保健問題の国際統計分類）第一〇版（ＩＣＤ‐10）では、アスペルガー症候群は自閉症などと同じ「広汎性発達障害」に含まれるとされています。

広汎性発達障害とは、「コミュニケーションの障害」「対人関係・社会性の障害」「パターン化した行動、興味・関心のかたより」といった症状がある発達障害です。このうち言語障害があるものを自閉症、言語障害と知能の遅れがないものをアスペルガーに分類します。二〇一七年現在、日本の厚生労働省による「疾病、障害及び死因に関する分類」は、このICD‐10（二〇一三年改正版）に準拠しています。

一方で、アメリカの精神医学会が発行しているDSM（精神障害／疾患の診断・統計マニュアル）では第五版（DSM‐5＝二〇一三年）から「アスペルガー症候群」という名称がなくなり、ASD（自閉症スペクトラム）の一部とされました。

「スペクトラム」というのは連続体という意味です。自閉症とアスペルガー、その他特定不能の広汎性発達障害などは境界があいまいであること、またADHDとアスペルガーには重複する部分もあるということをDSM‐5は示しました。つまり、「ここからここまでが自閉症で、ここから先はアスペルガー」といった明確な線引きはできないということです。

日本では、このDSM‐5を診断基準としている医療機関もあれば、そうでないところもあります。

たしかに、アスペルガーとADHDの症状をあわせ持つ人はよくいます。僕自身も、強いアスペルガーでありながら、多動衝動性優勢型のADHDも併発しています。

アスペルガーと自閉症とADHDには共通する症状がたくさん見られます。しかし、アスペルガーは真面目で杓子定規《しゃくしじょうぎ》な「コミュ障」であるのに対し、多動衝動性優勢型ＡＤＨＤは社交的で明るくズボラと、表面的な特徴には大きな違いが見られます。そのため、僕はカウンセリングを行う際にアスペルガーと自閉症とＡＤＨＤを区別しています。本書でもこの呼び名を使用していきますので、ご了承ください。

「アスペルガー」型発達障害の特徴

日本人に最も多い発達障害がアスペルガー症候群です。真面目な勉強家で、ルールを守ったりマニュアルどおりに動いたりすることは得意ですが、融通がききません。まさに日本人の国民性そのものといえるでしょう。

発達障害には医療機関で診断が下りるほどの症状はないものの、多分にその傾向が見られる「グレーゾーン」と呼ばれる人たちがいます。グレーゾーンには定型発達（発達障害ではない人）寄りの人もいれば、発達障害に近い人もいるわけですが、ゆるめに見積もれば、日本には二〇人にひとりぐらいの割合でグレーゾーン・アスペルガーがいるのではないかというのが実体験からくる僕の個人的見解です。

発達障害	広汎性発達障害	自閉症障害
		アスペルガー症候群
		特定不能の広汎性発達障害
		小児期崩壊性障害
		レット障害
	注意欠陥・多動性障害（ADHD）	不注意優勢型
		多動衝動性優勢型
		混合型
	学習障害	

発達障害の種類

アスペルガーには大きく分けて三つのタイプがありま す。日本人にいちばん多いのは受動型で、次に多いのは孤立型。積極奇異型は日本人にはきわめて稀《まれ》です。

受動型

基本的にコミュニケーションが苦手です。自分から人に話しかけることはありませんが、話しかけられたら丁寧に対応します。真面目で誠実なので、頼まれごとをされると一所懸命に期待に応えようとします。

メールやＬＩＮＥなどでのコミュニケーションは用がなければ自分からは発信しませんが、メッセージを受ければきちんと返信します。

本当はひとりで過ごすのが好きなのですが、他者の目が気になるため、頑張って周囲に合わせます。努力のかいあって、気がきく、やさしい、聞き上手という好印象を持たれることが多く、アスペルガーであることを見逃されがちです。
かなり無理をして周囲に合わせているため、鬱や睡眠障害などの精神疾患に陥ってしまうことがあります。

孤立型

他人のことにまったく関心がありません。受動型と同じ「コミュ障」であっても、コミュニケーションが苦手というよりは、そもそもコミュニケーションの必要性を感じていないのが孤立型です。

何か誘いを受けても応じることはまずありません。ひとりでできる仕事を好み、必要がなければあまり話をしないため、気づくと「今日は誰とも口をきかなかった」ということも。

興味の対象が非常にかぎられてはいますが、興味のあることにはとことんのめり込みます。子どものころに特急列車の名前をすべて覚えた、世界中の国旗を覚えた、というような人は孤立型である可能性が高いでしょう。

積極奇異型

日本人にはきわめてめずらしいタイプです。落ち着きがなく、いつでもハイテンションなのが積極奇異型アスペルガーの特徴です。主だった症状が多動衝動性優勢型ADHDに似ているため見分けが難しく、医師でも診断を間違えてしまうことがあります。

感情のコントロールが苦手で、想定外の出来事にあうとパニックに陥ることも。怒ったり、笑ったりと、感情の変化が激しく、空気を読めず、自分の世界に浸りがちです。

世界の中心は自分だと思っている節《ふし》があり、自分さえ楽しければよく、人目を気にしません。しかし、深い絶望感を隠し持っており、ひとりになると別人のように沈んでしまうことがあります。躁《そう》と鬱のギャップが激しく、精神的な安定感がありません。

「ＡＤＨＤ」型発達障害の特徴

ＡＤＨＤとはAttention Deficit Hyperactivity Disorderの略です。不注意、多動性、衝動性の三つの症状が見られます。ミスが多いとか、飽きっぽいとか、誰にでも多少思い当たるような軽めの症状が主体となっています。そのために発達障害であることが見落とされがちで、大人になってから診断されるケースが非常に多いのが特徴です。

ＡＤＨＤの症状には大きく分けて「多動衝動性優勢型」「不注意優勢型」、そしてこの二つの症状が混在する「混合型」の三つがあります。

多動衝動性優勢型

とにかく落ち着きがありません。年齢が低いほど症状が顕著に表れます。授業中にやたら体をゆらゆらさせたり、机をバンバンたたいたり、しまいには座っていられずに立って歩き回ったり。周囲が目に入っておらず、チョウチョを追いかけて車道に飛び出してしまったりすることもあります。

決められた作業をきっちりこなすことが苦手で、なぜかいつもマニュアルとは違うことをしてしまいます。片づけも苦手で、デスクや部屋はいつもぐちゃぐちゃ。気が短く、すぐに結果を求めたがります。

大人になっても子どもっぽさが抜けません。症状が子どもの特徴と非常に似通っているため、よほど症状が強くないかぎり、早期発見は困難です。「子どもって、そういうものだよね」と見逃されてしまいます。

子どもそのものという症状は長所にも表れていて、その発想力、独創性、芸術的センス、行動力には目を見張るものがあります。また、社交的で、人と話すことも得意です。

不注意優勢型

おおらかでマイペースです。ゆったりした癒やし系ではありますが、「トロい」という印象も同時に持たれてしまいます。この不注意優勢型は女性に多く見られます。美意識や芸術性が高い傾向があり、ファッションやアートの分野で活躍する人も多いようです。

責任感が強くて真面目なのですが、もの忘れや書き間違い、落とし物といったうっかりミスばかりするため、事務的な仕事にはあまり向いていません。多動衝動性優勢型は落ち着きがなくて事故やケガが多いのですが、不注意優勢型の場合はぼんやりして事故やケガを頻発させてしまいます。

漫画『ドラえもん』に出てくるのび太君は典型的な不注意優勢型ＡＤＨＤです。ちなみに、ジャイアンは多動衝動性優勢型ＡＤＨＤ。このように、同じＡＤＨＤであっても、タイプによってまるで正反対の症状を見せるのがＡＤＨＤの特徴です。

混合型

多動衝動性優勢型と不注意優勢型の両方の症状を持っています。人によってどの症状が強く出るかがまったく異なります。また、体調や状況によっても表面に表れる特徴が変わることがあり、「捉えどころのない人」「二重人格」といった印象を与えてしまうことも。

この混合型はADHDのなかで最も多く見られるタイプで、じっとしていられない、順番やルールを守れない、言いたいことが言えないなど、子どものころから症状が出始めます。

発達障害について概要を解説しましたが、アスペルガーやADHDの症状を単独で持っていることはあまりなく、たいていは複数のタイプをさまざまな割合であわせ持っています。

また、発達障害であることに自分や周囲が気づいていなくても、なぜかいつも周囲から浮いてしまうとか、気を使いすぎて普通に過ごしているだけでストレスがたまるという場合はグレーゾーンである可能性が高いでしょう。

発達障害を持っている人はコミュニケーション能力に問題があることが多く、婚活をしてもなかなかパートナーが決まらないというケースが多々見られます。

アスペルガー診断テスト

発達障害の正しい診断は医療機関で受けることをおすすめします。しかし、「自分のだいたいの傾向を知りたい」というのであればチェックリストによる簡易診断が可能です。自分のタイプや程度を知る目安にしてください。

まずはアスペルガーについて調べてみましょう。

32〜33ページのチェックリストのなかから自分にあてはまると思ったものの数を数えてください。

該当する項目がゼロ〜一五個

とくに問題ありません。

ただ、あなたの周囲に自分がアスペルガーであることに気づいていない人がいる可能性は大いにあります。あなたが発達障害について正しい知識を持つことで、その人たちの人生が楽になるきっかけが生まれます。ぜひ発達障害当事者のよき理解者となってください。

また、一五点以下であってもアスペルガーの傾向を示す人もなかにはいます。といっても、症状としては優秀な専門科医でも見逃すぐらいの軽度なものです。

◎情緒が不安定
◎ストレスがたまりやすい
◎仕事のミスが多い
◎雑談が苦手

などの症状が見られることがあります。

専門家にかかる必要はありませんが、ストレスを軽減し、日常生活を円滑に送るための工夫《くふう》が必要です。

該当する項目が一六〜三〇個

日本人のうち四〇人から六〇人にひとりぐらいの割合で存在する「グレーゾーン・

□21　たとえ話や冗談を本気で受けとってしまうことがある。

□22　何かに集中していると、呼ばれても気づかない。

□23　「会話が噛み合わない」とよく言われる。

□24　家族や友人といった親しい間柄の人にも敬語で話す。

□25　好きなことは集中してやり続ける、話し続ける。

□26　子どものころ、何か一連の事柄を覚えるのが好きだった（世界の国旗や新幹線の駅名など）。

□27　いまやっている作業をやり終えるまで別の作業に切り替えることができない。

□28　役所などでの社会的な事務手続きが苦手、または公共料金や税金の支払いが面倒でほったらかしにすることがある。

□29　極端な偏食がある。

□30　ものごとを決まった方法で行わないと気がすまない。

□31　興味があることには何時間でも没頭して集中できる。

□32　子どものころ、癇癪《かんしゃく》を起こしたり、傷ついてどん底まで落ち込んだりすることが多かった。

□33　好き嫌いがはっきりしていて、いやなものは何がなんでもいや。

□34　思いやりに欠ける振る舞いをすることがある（忙しくしている人に会議のお茶出しを頼んでしまう、離婚したばかりの同僚に慰謝料について聞いてしまう、など）。

□35　学生のころ、同級生と話が合わなかった。

□36　騒がしいところに行くと頭が痛くなったり、吐き気がしたり、ものすごくイライラしたりする。

□37　相手に合わせて言葉づかいや態度を変えることが難しい。

□38　子どものころ、ひとりで遊んだり、何かに没頭したりすることが多かった。

□39　興味のあることだと自分ばかりが話してしまい、指摘されるまで止まらない。

□40　ひとりで過ごすことのほうが多く、集団行動が苦手だ。

アスペルガー診断テスト

□01　音やにおいに敏感。

□02　言葉で仕事内容を説明されても、いまひとつ理解できない（図やイラスト、動画で説明されれば理解できる）。

□03　優先順位や時間配分を考えることが苦手だ。

□04　細かいところにこだわりすぎて仕事が進まない。

□05　相手がボケてもボケだとわからず、ツッコミが入れられない。

□06　余計なひとことで相手を怒らせてしまうことがある。

□07　興味のないことは絶対にやりたくない、またはものすごく腰が重くなる。

□08　同時並行処理が求められる仕事より、単純なルーティン作業のほうが好きだ。

□09　順番にこだわる（靴下は右足からはく、食事は味《み》噌《そ》汁《しる》から飲む、など）。

□10　整理整頓や片づけが苦手なのに、ものをため込む。

□11　あいまいな指示をされるとどうしていいかわからないが、細かく説明されればきちんとできる。

□12　一度決めたルールは守らないと気がすまない。

□13　急な予定変更にうまく対応できない。

□14　ほかの人ならやりすごせることでも、感情を抑え切れず、怒鳴ったり、ものや人にあたったりすることがある。

□15　チームワークが求められる仕事より、ひとりでできる仕事のほうが好きだ。

□16　にぎやかな場所だと相手の話している言葉が途切れ途切れになって聞こえてしまう。

□17　流《は》行《や》りのものには、ほとんど興味が湧かない。

□18　ドラマや映画、小説などに感情移入できず、何が、どう「泣ける話」なのかよくわからない。

□19　自分が疲れているのかどうかがよくわからない。

□20　場の空気を読んだり、その場の空気に沿った対応をしたりすることが苦手だ。

アスペルガー」の可能性があります。日常生活は送れているものの、つねにストレスにさらされている状態です。

◎深い劣等感
◎それにともなう絶望感や無気力感
◎慢性的な情緒の不安定
◎根拠のない不安や恐怖、怒り、罪悪感、後悔
◎長期的、あるいは頻発的な鬱
◎極端に繊細で傷つきやすい
◎体が疲れやすい
◎集団になじめず、職場にいるだけで強いストレスを感じてしまう
◎段取りが悪く、仕事や家事をテキパキこなせない
◎コミュニケーションが苦手（雑談を楽しいと思えない、意図せず辛辣な言葉を吐いてしまう、抽象的な指示や質問をされると対応できない）

◎「変わっている」と言われることがあり、一所懸命に普通に振る舞おうとして日常的に緊張している

このような症状が見られますが、専門科医が診断しても見落とされる可能性がありま す。

とくに女性の場合、社会的、文化的な刷り込みとして男性より普通でいることを求められるため、それに適応していることが多く、症状を見落とされてしまいがちです。

発達障害について自分で調べても、あてはまるところと、そうでないところの違いがあまりにも大きく、かえって混乱してしまうことでしょう。家族や友人に相談しても、「そんなこと、誰でもあるよ」と返されてしまい、なかなかわかってもらえません。

症状の軽減に対して独学や我流で取り組むと、膨大なトライ&エラーを繰り返すことになります。先の見えない状況から、しだいに意欲が低下し、取り組みをあきらめてしまう可能性が高いので、発達障害にくわしい専門家に協力してもらうといいでしょう。

該当する項目が三一～四〇個

専門科医の診断が下りる程度の症状の強さです。

自分の性格や個性だと思っていた特徴、現在にいたるまでの悩みや苦しみ、問題のほとんどがアスペルガーを中心とした発達障害の症状として説明できます。

人間関係や仕事が長続きしないこと、二次障害としての精神疾患などに深く苦しめられる傾向があり、早急な対策が必要です。

「気が向いたときに、何かよさそうな方法をやってみる」という姿勢では改善できません。「必ず障害を克服するぞ！」という覚悟を持ち、専門家と二人三脚で取り組みましょう。

これまでの人生を振り返ると苦労ばかりだと感じるかもしれません。たしかに発達障害を持つ人は苦労の多い人生を歩む傾向にありますが、症状が強いほどに反動としての天才的な能力を兼ね備えています。適切な取り組みを行えば症状は大幅に軽減します。そのとき、あなたは天才的な能力を発揮することになるのです。

ＡＤＨＤ（多動衝動性優勢型）診断テスト

次に多動衝動性優勢型のＡＤＨＤについて調べてみましょう。

38〜39ページのチェックリストのなかから、自分にあてはまると思ったものの数を数えてください。

該当する項目がゼロ〜一五個

とくに問題ありません。

ただ、あなたの周囲に自分がＡＤＨＤであることに気づいていない人がいる可能性は大いにあります。あなたが発達障害について正しい知識を持つことで、その人たちの人生が楽になるきっかけが生まれます。ぜひ発達障害当事者のよき理解者となってください。

また、一五点以下であってもＡＤＨＤの傾向を示す人もなかにはいます。といっても、症状としては優秀な専門科医でも見逃すぐらいの軽度なものです。

□20　マイペースだと人から言われることがある。

□21　荷物の整理が苦手で、いつも何かしら忘れ物をしてしまう。

□22　お金の振込や仕事の締切など、約束の期日をすっかり忘れてしまうことがある。

□23　ものをなくすことが多く、よく探しものをしている。

□24　頭のなかがすっきりせず、もやもやしていることが多い。

□25　いったん集中すると、食事もせずにやり続けることがある。

□26　子どものころから感覚が敏感で、感受性が強かった。

□27　ほかの人が話しているのに、横から口を挟むことが多い。

□28　自分が損をしたとしても、納得のいかないことはやらない。

□29　集団行動が苦手である。

□30　使わないとわかっていても、なかなかものが捨てられない。

□31　基本的におしゃべりで、話し出したら止まらない。

□32　計画を立てるのが苦手で、いつも行きあたりばったりになる。

□33　日中に強い眠気を感じることがよくある。

□34　新しもの好きで、飽きっぽい。

□35　単純作業が苦手で、すぐに飽きたり、苦痛に感じたりする。

□36　話すとき、主語と述語が不明だったり、話があちこちに飛んでしまったりする。

□37　人づきあいは広く、浅くになりがちだ。

□38　やりたくないことは、後回しにする。

□39　楽しいことを見つけるのが得意だ。

□40　端的に説明しようと思っても、つい話が長くなってしまう。

ADHD（多動衝動性優勢型）診断テスト

□01　自分が何をしようとしていたのか忘れることがよくある。

□02　コツコツ努力することが苦手で、テストはいつも一夜漬けだった。

□03　数時間から数日の周期で気分に波がある。

□04　ちょっとしたことでキレそうになる日がある。

□05　黙っていようと思いながらも、つい正論を振りかざしてしまうときがある。

□06　部屋の模様替えや引っ越し、転職など、環境をリセットして気分を入れ替えるのが好き。

□07　家電を買っても説明書は読まずに、とりあえず使ってみる。

□08　物事の度が過ぎて後悔することがある（スポーツ、仕事、浪費、食べすぎ、暴言など）。

□09　子どものころ、好きな科目以外の授業は落書きや空想で時間をつぶしていた。

□10　遅刻が多い。

□11　ものや人にぶつかったり、転んだりすることが多い。

□12　片づけが苦手で、部屋やデスクはいつもゴチャゴチャしている。

□13　ものごとの優先順位をつけるのが苦手である。

□14　お金の管理が苦手で、どんぶり勘定だ。

□15　静かな環境でないと読書や勉強ができない。

□16　いつもアイデアがあふれていて、「これが実現できたらすごいことになるぞ」と思う。

□17　朝礼や会議など、長時間じっとしているのが苦手だ。

□18　いじめにあったことがある。

□19　仕事の途中でボーッとしてしまうことがある。

◎情緒が不安定
◎ストレスがたまりやすい
◎仕事のミスが多い
◎コミュニケーションが苦手

などの症状が見られることがあります。

専門家にかかる必要はありませんが、ストレスを軽減し、日常生活を円滑に送るための工夫が必要です。

該当する項目が一六～三〇個

日本人のうち一五人から三〇人にひとりぐらいの割合で存在する「グレーゾーンの多動衝動性優勢型ADHD」かもしれません。日常生活はなんとか送れるものの、つねにその症状によるストレスにさらされています。

新しもの好きで、飽きっぽく、何かに取り組んでもすぐにほかのものに目移りしてしまいます。したがって、趣味でも勉強でも、あちこちに手を出しては、結局どれも身につかないまま時間だけが過ぎていくという状態に陥りがちです。

また、情緒が安定せず、成育環境や親子関係などでは説明のつかないような大きな劣等感を抱えています。そうかと思えば、急に全能感に満たされることもたびたびあります。劣等感と全能感の両極を行ったり来たりと気分のアップダウンが激しく、躁鬱に近い傾向を持っています。

人間関係においては短気を起こしやすく、それがもとでトラブルになることがあります。周囲から浮くことが多く、「変わり者」だと言われることもあるでしょう。集団にあまりなじめず、人の多い職場などでは強いストレスを感じてしまいます。

体調面では日中に異常な眠気に襲われる傾向が見られるので注意が必要です。また、依存的になりやすく、お酒でも食べものでも、やめたいのにやめられなくなることがあります。

仕事に関しては基本的に段取りが悪く、何かと苦労します。いやなことを後回しにする癖があり、それが仕事の評価を下げることにもつながります。斬新な発想や企画力はあるのに、それをかたちにすることがなかなかできません。人間関係や仕事への適性の問題から転職を繰り返しがちです。

このような傾向が見られるものの、その程度が軽かったり、症状がまばらだったりするため、専門科医が診断しても見落とされる可能性があります。

とくに女性の場合、社会的、文化的な刷り込みとして男性より普通でいることを求められるため、それに適応していることが多く、症状を見落とされてしまいがちです。

発達障害について自分で調べても、あてはまるところと、そうでないところの違いがあまりにも大きく、かえって混乱してしまうことでしょう。家族や友人に相談しても、「そんなこと、誰でもあるよ」と返されてしまい、なかなかわかってもらえません。

症状の軽減に対して独学や我流で取り組むと、膨大なトライ&エラーを繰り返すことになります。先の見えない状況から、しだいに意欲が低下し、取り組みをあきらめてしまう可能性が高いので、発達障害にくわしい専門家に協力してもらうといいでしょう。

該当する項目が三一〜四〇個

専門科医に診断されるほどの症状の強さを持った多動衝動性優勢型ＡＤＨＤの可能性が高いようです。

自分の性格や個性と思っていた特徴、現在にいたるまでの悩みや苦しみ、問題のほとんどが多動衝動性優勢型ＡＤＨＤを中心とした発達障害の症状として説明できます。人間関係や仕事が長続きしないこと、二次障害としての精神疾患などに深く苦しめられる傾向があり、早急な対策が必要です。

「気が向いたときに、何かよさそうな方法をやってみる」という姿勢では改善できません。「必ず障害を克服するぞ！」という覚悟を持ち、専門家と二人三脚で取り組みましょう。

これまでの人生を振り返ると苦労ばかりだと感じるかもしれません。たしかに発達障害を持つ人は苦労の多い人生を歩む傾向にありますが、症状が強いほどに反動としての天才的な能力を兼ね備えています。適切な取り組みを行えば症状は大幅に軽減します。そのとき、あなたは天才的な能力を発揮することになるのです。

ＡＤＨＤ（不注意優勢型）診断テスト

最後に不注意優勢型のＡＤＨＤについて調べてみましょう。

46〜47ページのチェックリストのなかから自分にあてはまると思ったものの数を数えてください。

該当する項目がゼロ〜一五個

とくに問題ありません。

ただ、あなたの周囲に自分がＡＤＨＤであることに気づいていない人がいる可能性は大いにあります。あなたが発達障害について正しい知識を持つことで、その人たちの人生が楽になるきっかけが生まれます。ぜひ発達障害当事者のよき理解者となってください。

また、一五点以下であってもＡＤＨＤの傾向を示す人もなかにはいます。といっても、症状としては優秀な専門科医でも見逃すぐらいの軽度なものです。

◎情緒が不安定
◎ストレスがたまりやすい
◎仕事のミスが多い
◎コミュニケーションが苦手

などの症状が見られることがあります。

専門家にかかる必要はありませんが、ストレスを軽減し、日常生活を円滑に送るための工夫が必要です。

該当する項目が一六〜三〇個

日本人のうち一五人から三〇人にひとりぐらいの割合で存在する「グレーゾーンの不注意優勢型ADHD」かもしれません。日常生活はなんとか送れるものの、つねにその症状によるストレスにさらされています。

心身ともに疲れやすく、気分が晴れることはあまりありません。自己重要感が低く、

□21　同時並行処理が苦手で、仕事などはひとつのことに集中してやりたいほうだ。

□22　責任感や義務感が強く、人にものを頼むことが、なかなかできない。

□23　いじめを受けたり、仲間外れにされたりした経験がある。

□24　思っていることをうまく言葉で表現することができない。

□25　冗談を真に受けてしまうことがある。

□26　頼まれごとをすると、気が進まなくても、なかなか断ることができない。

□27　「嫌われたらどうしよう」と、いつもビクビクしている。

□28　片づけや整理整頓が苦手である。

□29　ザワザワした場所では周囲の音が気になって会話が聞きとれなくなる。

□30　雑談が苦手で、浮いてしまいやすい。

□31　自分が何をしようとしていたのか忘れることがある。

□32　自由にできる仕事より、マニュアルがある仕事のほうが上手にこなせる。

□33　お金の管理が苦手である。

□34　感覚が過敏で、大きな音や強い香りといった刺激に弱い。

□35　「ミステリアスだね」とか、「独特な雰囲気を持っているね」と言われたことがある。

□36　空想が好き。

□37　怒ったと思ったらメソメソ落ち込むなど、気持ちのアップダウンが激しい。

□38　体調は悪くないのに、頭がボーッとすることがよくある。

□39　美容やファッション、芸術など、美に関することに、強い興味がある。

□40　昔のいやな出来事を急に思い出して、落ち込むことがよくある。

ADHD（不注意優勢型）診断テスト

□01 騒音や雑音があると、すぐに気が散り、仕事や作業、読書などができなくなる。

□02 仕事や勉強などで、周囲のスピードについていけない。

□03 やる気はあるのに、思うようにものごとが進まないことが多い。

□04 話の筋を追うのが苦手で、会話についていけないことがある。

□05 仕事でミスが多い。事務作業や庶務的な仕事では、とくにミスが目立つ。

□06 読書に集中できない。興味のない内容だと、とくに途中でほかのことを考えてしまい、なかなか進まない。

□07 会話の途中で「聞いてる？」と聞かれることがある。

□08 ものごとの優先順位をつけることが苦手である。

□09 よく使うものなのに紛失してしまうことが多い（手帳、ペンケース、ハンカチなど）。

□10 婦人科系のトラブルを抱えている（女性のみ）。

□11 やるべきことをつい先延ばしにしてしまって仕事がたまり、期限が守れなくなる。

□12 過去のことでいつまでもクヨクヨしてしまう。

□13 旅行やイベントなどの計画を立てることが苦手である。

□14 もの忘れが激しく、待ち合わせや約束ごとを忘れることがある。

□15 話し方や動き方がゆったりしている。

□16 ハイテンションになることはあまりない。

□17 人づきあいが苦手である。

□18 心身ともに疲れやすい。

□19 完璧主義である。

□20 予定などの急な変更があると動揺してしまう。

いつも深い劣等感を抱えています。無気力で絶望感が強く、不安や恐怖、怒り、罪悪感、後悔などネガティブな感情でいることが多く、情緒が安定しません。長期的、あるいは頻発的な抑鬱症状が見られることもあるでしょう。

繊細で傷つきやすく、人づきあいはあまり得意ではありません。集団になかなかなじめず、学校や会社などにいるだけでストレスを感じてしまいがちです。目立ったコミュニケーション障害があるわけではないのですが、雑談が苦手です。「そんなつもりはないのに、不用意な発言で人を傷つけてしまった」という経験があるかもしれません。

手際よくものごとをこなすことが難しく、仕事や家事に苦労するでしょう。「これ、お願いね」といった大まかな指示では、何を、どうすればいいのかわからず、困ってしまいます。臨機応変に仕事をこなすことができず、マニュアルがないと動けません。「変わってるね」と言われることが多く、それを気にして普通に振る舞おうとして、すっかり疲れてしまいます。

このような傾向が見られるものの、その程度が軽かったり、症状がまばらだったたりするため、専門科医が診断しても見落とされる可能性があります。

とくに女性の場合、社会的、文化的な刷り込みとして男性より普通でいることを求められるため、それに適応していることが多く、症状を見落とされてしまいがちです。

発達障害について自分で調べても、あてはまるところと、そうでないところの違いがあまりにも大きく、かえって混乱してしまうことでしょう。家族や友人に相談しても、「そんなこと、誰でもあるよ」と返されてしまい、なかなかわかってもらえません。

症状の軽減に対して独学や我流で取り組むと、膨大なトライ&エラーを繰り返すことになります。先の見えない状況から、しだいに意欲が低下し、取り組みをあきらめてしまう可能性が高いので、発達障害にくわしい専門家に協力してもらうといいでしょう。

該当する項目が三一～四〇個

専門科医に診断されるほどの症状の強さを持った不注意優勢型ADHDの可能性が高いようです。

自分の性格や個性と思っていた特徴、現在にいたるまでの悩みや苦しみ、問題のほとんどが不注意優勢型ＡＤＨＤを中心とした発達障害の症状として説明できます。人間関係や仕事が長続きしないこと、二次障害としての精神疾患などに深く苦しめられる傾向があり、早急な対策が必要です。

「気が向いたときに何かよさそうな方法をやってみる」という姿勢では改善できません。「必ず障害を克服するぞ！」という覚悟を持ち、専門家と二人三脚で取り組みましょう。

これまでの人生を振り返ると苦労ばかりだと感じるかもしれません。たしかに発達障害を持つ人は苦労の多い人生を歩む傾向にありますが、症状が強いほどに反動としての天才的な能力を兼ね備えています。適切な取り組みを行えば症状は大幅に軽減します。そのとき、あなたは天才的な能力を発揮することになるのです。

いかがでしたか？　自分のタイプがわかれば、自分の長所と短所を把握することができるようになります。自分を理解することは、よりよい人生を歩むための大きな助けになるでしょう。

「コミュ障」に厳しい結婚市場の現状

発達障害者の結婚が困難になっている理由として、最近の結婚のあり方が親世代と比べ、ずいぶん様変わりしていることも挙げられます。結婚に求められるものは個別化し、結婚へのハードルは高くなっています。そんなイマドキの結婚について見ていきましょう。

かつて結婚は大人になれば誰もが当たり前のようにするものでした。「結婚して家庭を持ってこそ一人前」と、未婚者は能力的にも人格的にも低く見られてしまう。そんな時代があったのです。

結婚適齢期と呼ばれる年齢になると、本人が望む、望まないにかかわらず、結婚に向けて周囲が勝手にさまざまなお膳立てを始めます。親戚に一人や二人は世話好きのオバちゃんがいて、お見合いの話を次々と持ち込むし、社内結婚は当たり前で、人事部長が社員同士を引き合わせるといったこともめずらしくありませんでした。

こうして無事に結婚にいたると、あとは生涯を夫婦でともに過ごします。結婚生活にはそれなりの問題が起こるものですが、日本経済の成長があらゆる問題を丸ごと飲み込んでいたのです。

しかし、現在、状況はまるで違います。五〇歳まで一度も結婚をしたことがない人の割合を示す「生涯未婚率」は、平成二七年の厚生労働省の調査によって、男性二三・三七％、女性一四・〇六％と発表されました。これは男性のほぼ四人にひとり、女性のほぼ七人にひとりという割合です。

また、結婚をするにしても、初婚の平均年齢は毎年〇・一～〇・三歳のペースで高くなっており、晩婚化の傾向が著しくなっています。離婚率も年々高まっており、二〇一七年は婚姻件数六〇万七〇〇〇件に対し、離婚件数は二一万二〇〇〇件でした。「三組に一組が離婚する」といわれていますが、これは決して誇張された数字ではありません。

この晩婚・未婚化傾向と離婚の増加、じつはきわめて自然なことなのです。「おひとりさま」は人にとって当然の心理ですから。人は他者とのつながりを求める一方で、自分の領域を守りたいという強い欲求を持っています。結婚しなければならないという社会的なプレッシャーが薄れたら、それだけ結婚が遠のいていくのはしかたありません。

受け身の姿勢でいても周囲がお膳立てしてくれた「お見合い」というおせっかい文化がなくなり、結婚するためには恋愛するか、みずから婚活を始める必要が出てきました。つまり、行動力がなければ結婚できない時代になったのです。

単身者が「おひとりさま」として広く世間に受け入れられるようになったいま、若いうちから結婚に対して意欲的になることは稀でしょう。ある程度の年齢になってから老後に不安を覚えたり、女性であれば妊娠や出産のタイムリミットが迫って焦ったり。こうして慌てて婚活をする人が多いようです。

恋愛のブランクが長く年齢が高いというのは、当然のことながら、婚活市場では不利に働きます。男女のコミュニケーションをイチから学び直すというのも、もはや若くはない婚活者には骨の折れる話です。婚活を始めてはみたものの、いつしか結婚をあきらめ、「おひとりさま」に戻っていく人が多いのもうなずけます。

終身雇用の崩壊で「明るい将来像」が描けない

結婚離れのいちばんの要因は、なんといっても収入の低下でしょう。日本には終身雇用システムを導入している企業が多いため、基本的には年功序列で昇給、昇進していきます。

厚生労働省発表の統計を見ると、五〇代前半まで年代別平均年収が上がり続けているのですが、どうも実感値としてしっくりきません。これは一部の年収の高い人たちが平均値を吊《つ》り上げているのではないかと僕は見ています。人数で見れば四五歳ぐらいまでしか昇給しない人のほうが多いのではないでしょうか。

四〇代というのは子どもの教育費に最もお金がかかる世代。そこで昇給が止まるとなったら大変です。三五年の住宅ローンを組んでいたりしたら、それこそ家計は火の車。結婚するとかえって経済的に破綻してしまうんじゃないか。未婚者がそう先を読んで不安になるのも当然です。

収入に希望が持てなければ、明るい将来像を思い描くことはできないでしょう。結婚にはお金がかかります。また、離婚にもお金がかかります。結婚前に離婚のことなど考えたくはありませんが、近年の高い離婚率を見ると、そうもいっていられません。経済的な困窮におびえて、なかなか結婚に踏み込めないのです。

また、収入が上がらないとなれば、生活が大変なのは未婚であっても同じです。パラサイト・シングルとなって親元にとどまり続ける未婚者が増えました。親元にいれば、家賃はかからないし、家事もやってくれるし、非常に快適です。何より、これだけ経済的な世代間格差が広がったいま、親世代と同居するというのは大きなセーフティー・ネットになっています。こうして、いつまでも自立できずに、結婚からますます遠ざかっていくのです。

無口な「職人タイプ」が好まれない時代

男女の不平等が改善され、女性が社会で活躍するにつれて、男の横暴は許されなくなっていきました。これは、もちろんあるべき姿に近づいてきたということではありますが、男性としては新たな努力が必要になったともいえるわけです。「男って、そういうものよね」というあきらめにも似た認識はなくなり、女性に対しても対等なコミュニケーションや気づかいが求められるようになったのですから。

高度経済成長期、夫は仕事さえしていれば許されました。夫婦の役割が単一化されていて、働く夫、それを支える妻というモデルになっていたのです。ところが、共働きが増え、これまでの夫の存在価値というものが失われつつあります。

また、現在、結婚適齢期を迎えているのは生まれたときからインフラが整っていた世代です。物質的に恵まれて育っているため、「いま頑張って未来の幸せを獲得するんだ」という意欲に乏しく、「いますぐ目の前の幸せを楽しみたい」という欲求が強い傾向にあります。

こうして、結婚の目的が大きく変わっていきました。結婚生活そのものが重要視されているのです。安定した将来のための結婚ではなく、毎日の生活を楽しむ結婚。そうなると、夫婦でのコミュニケーションは非常に重要な位置を占めることになります。

「女は黙れ」「夫に従え」「離婚なんてもってのほか」という閉鎖的な価値観が社会から一掃されました。かつての妻は夫の横暴に耐えることを求められていたのに、いまやトイレの蓋の開け閉めにまで妻が文句を言える時代になったのです。平等なのだから当たり前だと思いつつも、親世代の古い夫婦モデルを見て育った男性からすると、「なかなか厳しいなぁ……」というのが正直な心境かもしれません。

「コミュ障」にはハードルの高い「婚活サービス」

本書でもすでに多用している「婚活」という単語。もうすっかり日常語として定着していますが、この単語が使われ始めてから、じつはまだほんの一〇年ほどしかたっていません。

「婚活」は結婚活動の略語であり、それより前に定着していた「就活（就職活動）」になぞらえて、二〇〇七年に中央大学の山田昌弘《やまだまさひろ》教授（家族社会学）が考案した造語です。

山田教授の共著書『「婚活」時代』（ディスカヴァー・トゥエンティワン）では結婚に向けた積極的な取り組み、つまり「婚活」なしには結婚が難しくなってきたことが解説されており、この本はベストセラーとなりました。

この婚活ですが、昭和のような知り合いを介したお見合い文化が廃れてしまったいま、企業が提供するサービスを利用するのが主流となっています。どのようなサービスがあるのか、簡単に見ていきましょう。

婚活パーティー

婚活中の男女が一堂に会し、直接コミュニケーションをとりながら交際相手を見つけます。バーやレストランで飲食しながらというパーティーもあれば、会議室に椅子を並べただけというシンプルな会場のことも。エージェントのスタッフが司会を担当することが多く、進行はスムーズ。最後に気になる異性の名前を紙に書いてスタッフに渡し、お互いに名前を書き合っていた男女でカップルが成立します。

比較的安価な費用でたくさんの異性と会えるという利点はありますが、その場にいるほかの同性と比較されてしまうため、容姿に恵まれている人やコミュニケーション力の高い人に人気が集中してしまいがち。人気の高い男女同士がカップルになって、そのほかの人たちが取り残されてしまうというパターンが多いようです。

個室お見合い

大勢が集まるパーティーとは違い、静かな個室で一対一の会話ができます。女性が個室に入っていて、男性が順番に女性の個室を訪ねていくというかたちが一般的です。一対一なので話しやすいという利点はありますが、ひとりあたりの持ち時間が一〇分前後と短いため、ほぼ第一印象勝負という感じは否めません。

また、男性側からすると、ライバルの姿が見えないだけで、ほかの参加者と比べられてしまうところはパーティーと同じです。

婚活エージェント

婚活で最も一般的なのは婚活エージェント、つまり結婚相談所に登録する方法です。結婚を希望する会員同士を引き合わせるのが婚活エージェントの役目。エージェントによって費用はさまざまですが、入会金や月会費などがかかります。

入会金のほかに初期費用がかかったり、紹介してもらうたびにお見合い料がかかったり、無事カップルが成立したときに成婚料がかかるエージェントもあります。しっかり調べてから登録するようにしましょう。

登録後は設定した条件にマッチした相手を紹介してもらい、一対一でのデートをします。月に数人の紹介をしてくれるところがほとんどで、会う条件を甘めに設定しておけば、週に二人と会うといったことも可能です。

一人ひとりに担当アドバイザーがついていることが多く、プロフィールの書き方やデートコースの設定などのアドバイスをもらえます。アドバイザーを活用するかどうかで婚活の成否は大きく変わります。

活動お見合い

最近増えてきたグループお見合いのスタイルです。お料理お見合い、ハイキングお見合いと、なんらかの活動をしながらお見合いが進みます。

少人数で開催されることが多く、和気あいあいとした雰囲気です。やることがあるので手持ち無沙汰になりませんし、一緒に活動することで自然と会話が生まれます。

また、グループみんなでひとつのことに取り組むうちに、リーダーシップのある人だとか、気づかいのできる人だとか、いろんな側面を見ることができます。

趣味別パーティー

これもまた、最近増えてきた婚活パーティーのスタイルです。映画好きや旅行好きといった趣味別、野球ファンやサッカーファンといった趣向別のマッチングを行います。趣味趣向の同じ人ばかりが集まっているので会話が弾みやすく、また一緒に趣味を楽しめるということから交際に発展しやすい傾向が見られます。「寺社仏閣好き」「オタク限定」といったニッチなパーティーもあります。

人とは違った趣味趣向を持っている場合、交際や結婚に話が進んだとき、自分の趣味趣向をいつカミングアウトするか、どうやって理解してもらうかが悩みの種です。しかし、同じ趣味趣向の相手であれば、そんな心配は無用。何より価値観が近いのですから、一緒にいる時間が楽しいものになるでしょう。ニッチな趣味、マイナーな趣向の人には趣味別パーティーがおすすめです。

婚活アプリ

スマホで使えるマッチングアプリが増えてきました。エージェントに登録するより料金が安く、気軽に使えるのが特徴です。検索によって出てきた相手を気に入ったら「いいね」をタップ。お互いに「いいね」をつけたら連絡がとれるというシステムになっています。メールやチャットでやりとりが始まるため、ある程度親しくなってから会うという流れで、ムダがありません。

ただ、検索に残らなければ何も始まらないので、収入や年齢といった表面的な条件がそろっていない場合、非常に不利になります。

このように、多種多様な婚活サービスがあります。ここに挙げたのは代表的なサービスばかり。これ以外にもまだたくさんのサービスが提供されていますが、どれもコミュニケーションが重要なカギであることには変わりありません。

婚活サービス選びで大切なのは自分に合ったサービスを見つけることです。というのも、あちこちの婚活サービスを渡り歩く結婚相談所難民が少なくないのです。こういった人たちを狙って「よそからの乗り換えは入会金割引」などとキャンペーンを打っているエージェントもあるくらいです。

なかなか結婚にいたらなかった場合、婚活サービスを変えてみるのも、たしかにひとつの方法ではあります。しかし、あちこちサービスを乗り換えたからといって婚活がうまくいくとはかぎりません。サービスの特徴をしっかり見きわめて、自分に合ったサービスを選ぶようにしましょう。

発達障害者が婚活市場でモテない理由

婚活パーティーや婚活アプリなどではコミュニケーション力の高い人が真っ先に成功していきます。コミュニケーション力は高いけれども出会いのチャンスが少なかったというような人が婚活で勝ち組となるわけです。これはもう人と人との出会いなのですから、ある程度しかたない部分ではありますが、本当に困っている人が救われていないというのが現状です。

日本人の発達障害に最も多いのはアスペルガー症候群ですが、基本的にアスペルガーの人は雑談や相手の気持ちに共感するといったコミュニケーションが苦手です。
また、大勢でにぎわっている場では目の前のことに集中できずに気もそぞろ。パーティーなどでたくさんの女性と出会えたとしても、なかなか話すことができません。頑張って話しかけてみても、話がかみ合わないか、空回りしてしまいます。

アスペルガーの人は純粋でやさしいという気質を持っているのですが、そのよさが相手に伝わる前にパーティーの時間が終わってしまいます。

一対一のデートの場合はパーティーに比べればだいぶましですが、初対面が苦手で過度に緊張してしまい、会話が弾まないことが多いようです。これは場数を踏むことで徐々に慣れていきますが、繊細で打たれ弱いため、数回断られただけで心が折れてしまいます。そして、「俺はダメだ」「どうせ私なんて」とあきらめてしまうのです。

婚活というのはダメな理由が明確ではありません。断られた理由は明かされないのが普通です。理由がわからないのに断られるということが続くと、どんどん気分が沈んでしまいます。すると、結論の出ない否定的なことをぐるぐると考え続け、つねに失敗の追体験をしているような状態に陥りがちです。

この否定的な反芻《はんすう》を心理学用語で「フュージョン」と呼びますが、この状態に入ってしまうと鬱のような症状が表れ始めます。こうして婚活に対しても、女性に対しても不快なイメージを持つようになり、ますます恋愛に消極的になってしまうのです。

アスペルガーの場合、空気を読んだり状況を察したりということはうまくできませんが、マニュアルや論理があれば、それを学習するのはとても得意です。断られたとしても、その理由さえわかっていれば、原因を突き止めて分析することができます。

しかし、残念ながら、婚活では断られる理由を伝えられることはほとんどありません。結婚相手を決めるときに「この人がいい」という理由ならあるでしょうが、断るときにはこれといった明確な理由が見つからないことのほうが多いのです。「なんか違う」。これが断る側の正直な気持ちでしょう。

理由がわからなければなすすべがありません。教訓を次に生かすことができず、同じような失敗を繰り返してしまいます。論理に強いことがアスペルガーにとって最大の武器ですが、その武器が通用しない婚活では苦戦を強いられるのは必至です。

アスペルガーはものごとを「白か黒か」と二元的に判断する傾向にあります。婚活においても受験のように「合格か不合格か」という基準で捉え、交際を断られたら「不合格」と受けとってしまうのです。発達障害を持つ人は生来、劣等感が強いため、この「不合格」を余計に重く感じてしまうことでしょう。

たまたま相手の好みに合っていなかっただけなのに、「俺は男として価値がない」「私の魅力が足りなかったから」と自分を責めてしまいます。人には相性というものがあります。相性が合わなければ、どんなに素敵な人であったとしても断られてしまうのです。それがたまたま何人か続いただけなのに、「俺はダメなんだ」と婚活をあきらめてしまうのはもったいないと思います。

婚活はとにかく場数を踏むことが大切です。最初のうちは緊張してあまり自分のよさを伝えられないかもしれませんが、数をこなしていくうちに慣れてきて、少しずつ自然に振る舞えるようになっていきます。一〇〇人に振られようが、たったひとりがOKしてくれればいいのです。数人に断られたぐらいで、いちいち落ち込んでいる場合ではありません。

なぜ、「仕事ができる」のに恋愛はうまくいかないのか

仕事ではコミュニケーション力が高いのに、恋愛になるとその力が発揮できない。そういう発達障害の方もいます。これはアスペルガーの男性によく見られる傾向です。いちばんの要因は恋人がいなくても別に困らないから。アスペルガーは追いつめられないと力を発揮しないタイプが多く、なんとなく「やらなくちゃ」と感じているぐらいでは苦手なことから逃げ出してしまいます。

仕事でも恋愛でも、コミュニケーションが必要だという点には変わりありません。しかし、仕事でのコミュニケーションは目的がはっきりしていることが多く、マニュアル化が容易です。

それに対して恋愛はコミュニケーションすること自体が目的になっているため、マニュアル化が難しいものです。雑談にはゴールや到達地点はありません。ただ楽しく会話ができればそれでいいのに、アスペルガーの人はどうしてもそれに対応できないのです。相手は雑談がしたいだけなのに「で、結論は?」と聞いてしまったり、目的もなく街をブラブラできなかったり。これではデートが続きません。

また、仕事に関する知識なら必死で勉強するのに、恋愛については学ぼうとしません。じつは恋愛に関しても練習や学習が有効なのです。恋愛における共通パターンを知って、それに対応する言動をマニュアル化する。最終的にはそのマニュアルの自由度を上げていく。こうやって恋愛を体系的に学ぶことで恋愛スキルは一気に向上するのですが、なかなかそれをやろうとする人はいません。

アスペルガーの人が恋愛について真剣に取り組もうとすると、「恋愛とは」とか、「なぜ人は恋をするのか」といった哲学的な問いに入ってしまいます。

しかし、現実的に役立つのは小手先のテクニックです。ナンパの達人などは相手の心を開くオープナー（82ページ参照）から始まって、軽い会話、デートコースとたくさんのマニュアルを持っています。こうして女の子をものにしていくのです。長期的に関係を維持するにはテクニックだけでは難しいかもしれませんが、まずは女性と親しくなれなければ何も始まりません。

しかし、アスペルガー男子はマニュアルがなければ自分は動けないとわかっていながら、こと恋愛に関しては自由に振る舞ってしまいます。こうして仕事ができて人望もあるのに恋愛ができないというパターンに陥ってしまうのです。

なぜ、美人でモテモテの女性でも結婚できないのか

グレーゾーン・アスペルガーの女性は男性から人気があります。目鼻立ちがはっきりしているきれいな人が多いのです。

アスペルガーというのは「空気が読めない」ことが特徴として挙げられますが、グレーゾーンの場合はまったく逆の性質を持っています。空気が読めて、とても気配り上手。しかし、これは持って生まれた資質ではなく、つねに気を張って周囲を観察し、気を使っているからです。

「どうも自分は周囲と違う」と気づいていて、「嫌われたらどうしよう」「変な人だと思われたらどうしよう」といつもビクビクおびえています。なので、表面的には定型発達の女性より常識的で女性らしく、気づかいのできる女性として振る舞うわけです。

また、これは天性のものですが、美的センスに長《た》けていることが多く、メイクや服装をきれいに整えることができます。一見すると女性らしく、気づかいができ、きれ

い。こうして理想のお嫁さん候補として男性の目に映ります。しかし、つきあいが長くなると、「あれ？　ずいぶん最初のイメージと違う」となってしまうのです。

少し前に男性脳、女性脳という概念が話題になりました。男性は話が聞けないだとか、女性は地図が読めないだとか。アスペルガーというのは、この男性脳を極端にしたようなものです。アスペルガーは男性に多いのですが、女性のアスペルガーの場合、華やかで女性らしい印象と男性的な思考とのギャップに苦しむことになります。

つきあいが浅いうちはいいのですが、長いつきあいになると、家事が嫌いだとか、子どもが苦手だとか、男性的な面が足を引っ張ってしまうのです。結果、離婚率が高くなる傾向にあります。

では、あまり気を使わずに自然に振る舞えばいいのかというと、それはそれで難しいというのが実情です。

アスペルガー女子が自然に振る舞うと、サバサバしていて男性とすぐに打ち解けるのですが、「友だちとしてつきあう分には楽しいけど、恋愛対象にはちょっと……」となってしまいます。なんだかんだいって、男性は恋人に女性らしさを求めるものです。アスペルガー女子の男っぽさは恋愛対象としては敬遠されてしまいます。

ただ、アスペルガー女子は口では「結婚したい」と言っておきながら、本当はひとりの時間を大切にしたいと思っていたり、つねに夫と一緒にいなければいけないことを窮屈だと感じていたりします。また、子どもをあまり好きではない人も多いようです。なかなか結婚できないのは、じつは無意識的な回避行動なのかもしれません。

社会全体から排除が進む「コミュ障」

発達障害を持つ人たちは結婚したいという気持ちがあっても二の足を踏んでしまいがちです。これは「自分は結婚に向いていないのではないか」「自分には結婚する資格なんてない」という不安な気持ちを抱えているからです。日々の生活だけで精いっぱい、どうにかやっと社会に適応しているような状態なので、結婚生活を維持できる自信がありません。

当人たちも自覚しているとおり、たしかに発達障害者は、あまり結婚生活に向いていません。自分のペースやスペースを乱されることに大きなストレスを感じてしまうため、家庭を持って家族と緊密な関係を築くことが難しいのです。

家族行事や親戚づきあいを面倒に感じていて、自分の時間はなるべく自分のために使いたいと思っています。時間だけでなく、お金に対しても同じような感覚を持っていて、結婚や子どもをコストとして捉えているような節《ふし》も見られます。

また、自分のことで手いっぱいで、子どもにあまり興味が持てません。基本的に家事や育児が苦手で、最低限のことをするだけでヘトヘトに疲れてしまいます。

さらには生活習慣や生活環境へのこだわりが強く、インテリアや食事のメニュー、休日の過ごし方などでパートナーとの妥協点を見いだすことがなかなかできません。

ひとり暮らしが性に合っているのですが、将来に対する不安が強く、また寂しがり屋なところもあり、心のなかでは結婚したくない気持ちと結婚したい気持ちがせめぎ合っています。

発達障害者が結婚を躊躇《ちゆうちよ》する最大の要因は、やはり仕事と収入です。その症状ゆえに社会適応が難しく、転職がやたらと多かったり、ニートやフリーター率が高かったりと、とにかく収入が安定しません。なかなか収入が上がらないことが結婚離れの一因であると先述しましたが、発達障害を抱えている人には昇給以前の問題が控えています。そもそも定職につくこと自体が難しいのです。

高度経済成長期やバブルの就職活動は売り手市場で、誰でも就職することができました。内定辞退する学生に対して人事部長が菓子折りを持って自宅を訪問するとか、内定者をホテルに閉じ込めて他社への就職活動をできなくさせるとか、そんなことが当たり前に行われていたのです。

いまではそんなことはありえません。採用側はしっかり学生を選別します。しかし、終身雇用制度はまだ残っているため、企業としてはゼネラリストを欲しがります。人材の流動性が低い場合には仕事の遂行能力の高さより、複雑な人間関係のなかでうまく立ち回れる能力が求められるものなのです。

アスペルガーの場合、基本的にスペシャリスト傾向が強く、ゼネラリストとしての振る舞いが苦手です。学校での成績がよく、立派な履歴書を書けたとしても、面接などでボロが出てしまいます。ただでさえ厳しい就職事情の昨今、発達障害を持つ人が就職することは、さらに難しくなっているのです。

仮に面接を乗り切って、なんとか就職にこぎつけたとしても、実際に働いてみれば、やはりゼネラリスト的な動きはできません。また、環境に合っていないとなかなか力を発揮できないため、何年たっても成長しない、上司や同僚と打ち解けられないと、周囲から低い評価を受けてしまいます。

発達障害者は繊細で打たれ弱い人が多く、周囲の冷たい視線に耐えかねて、早々に会社を辞めてしまいがちです。こうして次々と転職を繰り返してしまいます。転職ばかりでは収入が安定しません。

自信がなく、家庭向きとはいえず、収入も安定しない発達障害者が結婚に及び腰になってしまうのも無理のない話です。

第二章　発達障害者の婚活がうまくいかない理由

相談① ADHDで彼との会話がうまくできない

「先生、私、どうしたらいいでしょう?」

発達障害改善プログラムの効果が出始めた矢先の相談でした。多動衝動性優勢型ADHDの和美さん(三二)は保険のセールスレディーをしています。「もう終わりだわ」と、いまにも泣き出しそうな表情です。

「何が終わりだと思うの? くわしく話してくれるかな」

僕が尋ねると、和美さんは一気にまくしたてました。

「この前のデートのとき、新宿の星乃《ほしの》珈琲《コーヒー》に行ったんです。星乃珈琲ってスフレパンケーキが有名で、二段重ねにしたいんだけど、吉濱先生が糖質を控えろっておっしゃるから、デートのときは一段を二人で分けてるんです。偉いでしょ。で、パンケーキを食べてるときに、彼はブレンドを飲んでたんですけど、そしたら、彼が三万円もするコーヒーメーカーを買ったとか言うから……」

和美さんの話はデートで楽しく話していると、いつも彼が突然怒り出してしまうという内容でした。これは多動衝動性優勢型ADHDの女性に多いトラブルです。よく

「女性の話はあちこちに飛び、要点がわからない」と言われますが、多動衝動性優勢型ADHDの人は、これがさらに極端に表れるのです。

話の主題に関係ない周辺情報ばかりを詳細に説明する。話の主語が頻繁に入れ替わるうえに、主語を省略する。質問されてもそれに答えず、関係のない話が延々と続く。これでは話し相手がうんざりしてしまうのも無理はありません。

多動衝動性優勢型ADHDの人は頭のなかがつねにくるくると動いているような状態にあります。情報が体系的に整理されておらず、とっ散らかっているのです。それを思いつくまま言葉にするため、このような話し方になってしまいます。

和美さんの場合も、彼がいつも「何が言いたいんだよ」と怒り出すといいます。和美さんの恋愛は、いつもこれが原因で終わってしまうのだそうです。

今度こそ結婚したいと思っている和美さんとしては、彼に捨てられるわけにはいきません。

― コミュニケーション能力が低い

発達障害を持つ人は、その症状が災いして婚活がなかなかうまく進みません。定型発達の人たち同士で次々とカップルが誕生し、婚活というフィールドから去っていきます。残されるのは発達障害を持つ人ばかり。

すでに婚活を始めている人は実感していると思いますが、婚活で知り合う人というのは仕事や日常生活で出会う人たちより変わった人の割合が多いのです。それは発達障害を持つ人、またはグレーゾーンの人たちが濃縮されていくからだと思われます。

では、なぜ発達障害者の婚活は難航してしまうのでしょうか。

発達障害を持つ人は基本的にコミュニケーションが上手ではありません。アスペルガーの人は雑談が苦手です。そして、多動衝動性優勢型ＡＤＨＤの人はおしゃべり好きですが、話が要領を得ませんし、不注意優勢型ＡＤＨＤの人は会話のペースについていけません。

デートやお見合い、パーティーなどで最も重視されるのがコミュニケーション能力です。結婚生活自体を楽しむというのがイマドキの結婚スタイル。コミュニケーションがまともにとれないようでは、一緒の生活を楽しむことなど想像できません。

また、お見合いの席で会話が弾まなければ、良いところも悪いところも伝わりようがありません。「また会いたい」と思ってもらえるはずがないのです。

初対面の相手が苦手

初対面というのは誰でも緊張するものですが、発達障害の人はその緊張が度を越しています。初対面の人が目の前にいるだけで精神的にいっぱいいっぱい。鼓動は速くなり、汗が噴き出し、言葉が出てこなくなって、話はしどろもどろ。あまりに緊張するため、その場を逃げ出したくなり、さっさと会話を切り上げようとする回避行動に出てしまうこともあります。

当たり前ですが、婚活では初対面の相手と話すことは避けられません。初対面が苦手だなどと言っていたら、いつまでもパートナーは見つからないのです。初対面の人との会話に慣れるには、とにかく試行回数を増やすこと。たくさんの相手と会って経験値を積んでください。

はじめのうちは当然、断られ続けるでしょうが、そこでいちいち落ち込んではいけません。「また断られた。これで五回目だ」と失敗体験としてカウントするのではなく、「とりあえず練習だと思って、デートを二〇回してみよう」「これで五回目」「今回は同じ人と三回もデートできたぞ」と一つひとつの経験を〝試行回数を増やす〟という目的の成功事例としてカウントしていきましょう。

前向きな気持ちで場数を踏んでいけば、初対面への苦手意識はどんどん薄れます。

そもそも会話ができない

会話が苦手という状態を通り越して、まったく会話が成立しないという状況の人がいます。相手の話を覚えておくことができず、話の内容を理解できない。同じ質問や話題を繰り返してしまう。これらは発達障害の症状として見られるものです。

仕事に支障をきたすことも多いので、本人にも自覚はあると思います。これは短期記憶が弱いために起こることです。会話というのは話の内容を理解し、それを積み重ねることで成立します。

「母が栃木に住んでいるんです。先週、実家にいる兄の出張中に大雪が降ってしまって、しかたなく雪かきをしたらしいんですが、無理してぎっくり腰になっちゃったんですよね。昨日電話したら、まだ痛むって言ってました」という話を聞いたとき、ぎっくり腰になったのが話し手のお母さんであることは誰にでもわかります。これは栃木に住むお母さん、大雪、雪かき、ぎっくり腰という話を覚えていて、それらの情報を積み重ねて理解しているからです。

短期記憶の弱い人は前の話を次々と忘れてしまいます。ぎっくり腰になったのが誰なのか、どうして腰を痛めてしまったのか理解できません。話が長くなればなるほど前提となっている情報をつかみ損ね、話についていけなくなってしまうのです。

会話が苦手だという自覚はあっても、何を、どうしていいかわからない人が大半です。会話について特別な教育を受けている人はほとんどおらず、誰もが毎日の生活のなかで自然と会話を学んできたからです。大人になって、「どうして自分だけこんなに会話ができないんだろう」と呆然《ぼうぜん》としている。そんなところではないでしょうか。

でも、安心してください。交渉ごとやディベートと違い、日常の会話や雑談というのは難しい技能を必要としません。ちょっとしたテクニックを身につけるだけで、かなりの改善が可能です。

会話テクニック① オープナー

とにかく真っ先に身につけたいテクニックが「オープナー」です。オープナーというのは相手の心を開くフレーズのこと。ナンパのテクニック本などにはこのオープナーについて必ず書かれているほど、会話のきっかけとして重要なファクターです。

婚活の場合、ナンパと違って、相手はあなたと話をするために来ているのですから安心です。その安心感も手伝ってか、まったくオープナーを使わずに一気に本題に入って失敗してしまう人がいます。ナンパほどの高度なオープナーは必要ありませんが、やはり会話の最初にはそれなりの入り方を用意しておくようにしましょう。

たとえば、カフェで待ち合わせをしていたのなら、「お店の場所、すぐわかりましたか？」と相手を気づかう言葉や、「この時間なのに、お店が混んでますね」といった、お互い共通して認識できる事柄を伝えるといいでしょう。

万能なのは、「最近、暑いですね」「雨に濡《ぬ》れませんでしたか」といった天気の話ですが、いつも天気の話からスタートでは代わり映えしません。親しくなるにつれて、趣味の話や仕事の話などバリエーションを用意しておきましょう。メールやＬＩＮＥで出た話題を、「〇〇の件、大丈夫でしたか？」と振り返るのもおすすめです。

いくつかのオープナーをあらかじめ用意してデートに臨むと、スムーズな会話からデートが始まり、気持ちが一気に楽になります。

芸人のコージー冨田《とみた》さんがタモリさんのモノマネをするとき、「髪切った？」というセリフをよく使います。あれは初対面のゲストとの会話で、とくに話すことがない場合に使っていたタモリさんの常套句《じょうとうく》なのだそうです。あれだけのトークの達人でも、オープナーをしっかり用意しているということ。

この「髪切った？」には、「以前からあなたのことを見ていましたよ」「あなたの変化に気づきましたよ」という相手への関心が含まれているあたり、さすがタモリさんです。

会話テクニック② 一往復半の会話

オープナーを使って会話が始まったはいいものの、あっという間に会話が終わってしまうことがあります。

「このところ、雨が多いですね」「そうですね」「………」

「もうすぐゴールデンウィークですね」「そうですね」「………」

会話というのは言葉のキャッチボールですから、相手にももう少し協力してほしいところではありますが、とりあえずオープナーを使って最初の一球を投げた身としては、まずは一往復半のやりとりまでは頑張りましょう。

「もうすぐゴールデンウィークですね」「そうですね」「どこか出かける予定はあるんですか?」

「このところ、雨が多いですね」「そうですね」「除湿機を買おうか迷ってるんです」

会話というのは二往復以上のやりとりのことです。一往復で終わってしまうのはただの挨拶。とはいえ、相手が返してくれなければどうしようもありませんので、とりあえずのところは一往復半の会話を目指しましょう。

また、相手が先に話を切り出してくれたときは、相手が会話を続けやすいような返事を心がけてください。会話のラリーが続くにつれて、お互いのことを自然と理解できるようになっていきます。

面接のような会話をする

デートのはずなのに、なぜか面接や尋問を受けているような気がする。そんなふうに相手を問いつめてしまう人がいます。これは目的志向の強いアスペルガーにありがちです。普段から雑談が苦手で、目的のない会話ができません。

しかし、デートで何もしゃべらないわけにもいかないので、「相手の情報を手に入れる」という自分の目的に従って話を進めます。こうして相手に質問ばかりしてしまうのです。

婚活においては、お互いのことを知り、パートナーとしてやっていけるかどうかをしっかり見定めることが重要です。当然、相手のことを知りたいという気持ちが強く働くでしょうが、相手に情報開示を求めるなら自分も自己開示をするのがマナー。相手だってあなたのことを知りたいと思っているはずです。

逆に、「自分をアピールしなければ」という目的のもと、自分の話ばかりしてしまう人もいます。僕のカウンセリングで、「自己紹介をWordでA4五枚にまとめて渡しました」と言っていた人がいました。ここまでくると本当に就職活動の様相です。たしかに相手とのマッチングを見るわけですから、そういう意味では面接と同じ目的も持ってはいますが、基本となるのはスペックや能力ではなく相性です。

情報を得たり自己PRをしたりすることも大切ですが、会話のラリーそのものを楽しむ姿勢を忘れないでください。

発達障害を持つ人は貯金額や異性経験の数など、あまりに直球すぎる質問をして相手を固まらせてしまうことが多々あります。たしかに気になる情報ではありますが、そこは会話のなかからなんとなく察しをつけるくらいにしておきましょう。

どうしても知りたい場合は婚約の段階で聞けばいいことです。焦りは禁物。親しくなるまでは、お互いのフィーリングを確かめるのがデートの目的であることを認識してください。

姿勢やしぐさに癖がある

発達障害者は筋肉のつき方がアンバランスで重心がズレていることが多く、体の一部がこわばっていたり、斜めに傾いていたり、動作が不自然だったりという体の癖を持っています。姿勢を正しく保つ力が弱く、体をだらりと斜めに預けて座ったり、ソファや椅子に浅く腰かけ、ふんぞり返るような姿勢で座ったりします。

女性に多いのは、いかにも自信なげな猫背の姿勢です。本人にとってはその姿勢が楽だからそうしているだけなのですが、相手には悪印象を与えてしまいます。

姿勢を正すには正しい筋肉をつける必要があります。ただ、歪《ゆが》みの激しい人がいきなり筋トレをするのはおすすめしません。体が歪んだまま筋肉をつけてしまうと体のバランスが余計に崩れ、腰や膝などの関節を痛めてしまいます。まずは正しい姿勢と歩き方を学び、体の歪みを修正してください。筋トレはそのあとです。

また、発達障害を持つ人は独特な目線の使い方をすることがあります。まったく目を合わせなかったり、逆に相手の目をずっと凝視し続けたり、無表情のまま一点をジーッと見つめていたり。これでは落ち着いて会話などできません。

アスペルガーの人は感情がほとんど表情に表れないという特徴も持っています。一緒にいることを心から楽しんでいるのに、まったく無表情でいるのです。

基本的に人は無表情でいると怒っているような印象を相手に与えてしまいます。軽く笑顔でいるくらいでちょうどいいのです。アスペルガーの場合、表情筋がかなり弱っていることが多いので、目いっぱいの笑顔をつくりましょう。それくらいの意識でちょうどいい微笑《ほほえ》みができると思います。

普段、どんな表情、どんな姿勢でいるのかは、本人にはなかなかわからないものです。ビデオカメラやスマホを固定して自分の姿を録画してみましょう。姿勢の悪さ、表情の怖さに驚くはずです。

僕自身も自分の姿を動画で確認してショックを受けました。片肘をついて斜《しゃ》に構え、ものすごく感じが悪いのです。鼻炎気味なので鼻をいじってばかりいて。録画を見て以来、気をつけて直すように心がけています。

ぜひ、ビデオで確認して自分の振る舞いを客観視してみてください。きっと、「こりゃまずい」と思うはずです。癖を直すのには時間がかかりますが、週末にデートがあるというような緊急の場合は録画したみっともない自分の姿勢を思い出し、とにかくデートの数時間だけでも頑張って姿勢を正し、笑顔を心がけましょう。

自慢とネガティブな話題が多い

話の内容が自慢話ばかり、または悪口や不満ばかりという人がいます。発達障害の人の場合、これは劣等感の裏返しであることが考えられます。

発達障害の症状のひとつに強い劣等感があります。これは言動の激しさや卑屈な態度など、ほかの症状の原因になっていることもあります。通常、劣等感というのは過去の失敗体験によって引き起こされるものですが、発達障害の場合、過去の経験には関係なく、先天的に強烈な劣等感を持っているのです。

劣等感が強いと、すぐにいじけたり、「どうせ私なんて……」と卑屈な態度を示したりすることもありますし、逆に劣等感の裏返しとして尊大な態度に出ることもあります。また、悪口や不満を言うのも、誰かを悪く言うことで相対的に自分の立場を高めるという劣等感からくる無意識の行動です。

定型発達の人の場合、「自慢ばっかりしないで」とか、「悪口はやめなよ」と言われれば、「たしかにそうだね」と素直に反省できますが、発達障害の人は注意されたことで劣等感が刺激され、逆ギレしてしまうことがあります。自分では自慢や悪口が多いという自覚がないため、なおさらです。

一度、ICレコーダーで普段の会話を録音してみてください。自慢話ばかりしていないか、悪口や不満ばかり口にしていないか確認してみましょう。お見合いの席では、あなたの自慢話にうんざりしていても、相手は注意してくれません。ただ、「ごめんなさい」の返事がくるだけです。

二　LINEやメールで自爆する

ＬＩＮＥやメールでのやりとりは婚活するうえで避けて通ることはできません。発達障害者は対面でのやりとりだけでなく、このようなバーチャルなコミュニケーションも苦手なことが多いようです。発達障害を持つ人がやってしまいがちな失敗を確認していきましょう。

リアルタイム行動報告が多い

これは多動傾向の強い女性にありがちです。親しくなってきてから、一日数回の行動報告ならいいでしょう。でも、「いま、会社の前のカフェでカプチーノを飲んでいます」「今日のランチは〇〇亭のハンバーグ弁当です」といったメッセージを日に何十件も送られてきたら、うんざりしてしまうのが男というものです。彼がアスペルガーだったら、「何が言いたいの?」などと返してしまうかもしれません。

また、一日の終わりに日記のようなメッセージを送る人がいますが、これもやめておきましょう。多動衝動性優勢型ＡＤＨＤの場合、要点を簡潔に伝えることが苦手です。職場の先輩とイベントの下見に行った話がしたいのに、なぜかその先輩のお母さんが入院中だとか、先輩の実家でウサギを飼っているだとか、本題とはまったく関係のない話まで書いてしまいます。

その日の報告がしたいのであれば、その日のハイライトとなる出来事を一つか二つ、要点だけをまとめて送れば十分です。

おかしなテンションになる

男性のアスペルガーに多いのですが、やると決めたらとことんやるタイプの人は、そのやる気が空回りして、おかしなテンションになってしまうことがあります。

結婚に向けてエンジンがかかり、目の前の女性に全力投球。「あなたは僕とつきあったほうが絶対に得です」と押しつけがましいメールを送ったり、相手がやんわり断っているのが理解できず、延々と誘いのメッセージを送り続けたり。なかには自作のポエムを送る、つきあってもいないのに「一生、君を守る」とメールするなど、相手が引いてしまうほどの暴走っぷりを発揮する人も。

テンションが上がってしまう気持ちはわからないでもありませんが、とにかくいったん落ち着きましょう。

自己否定がひどい

脈絡なく「俺、人としてダメなんだよね」といった卑下メールを送ってしまう人、「私は何をやってもうまくいかないんです」と告白する人がいます。

婚活の相手はあなたのカウンセラーではありません。人生をともにするパートナーを探しているのですから、自分の価値を下げてしまうような発言は避けましょう。

自分に自信がない場合、自分を卑下する内容を先に伝えることで相手の期待値を下げて保険をかけようとしてしまいがちですが、婚活では逆効果です。期待値が下がったら、次のデートはありません。

とにかくしつこい

押しが強いのとしつこいのは違います。ＬＩＮＥで質問攻めにする。返信されるまでスタンプを何十個も送り続ける。返信していないのに次々とメッセージを送る。どれもＮＧです。

ＬＩＮＥやメールも会話と同じです。ラリーを楽しむ余裕を持ちましょう。

言葉づかいが硬い

アスペルガーの人は言葉づかいの使い分けが苦手なことがあります。目上の人にもタメ口をきいてしまうというパターンもあれば、親しい間柄でも敬語で話すというパターンも。人との心理的な距離感を察知することが苦手で、状況によって言葉づかいの使い分けをすることができません。

社会に出ていると、丁寧な分には失礼にあたらないため、いつも丁寧に話す癖がついてしまうのでしょう。異性と親しくなってきても、つい丁寧な言葉づかいのメッセージを送ってしまいます。

いつ、どのスタンプを使えばいいのかもよくわからないため、スタンプもほとんど使いません。デートの日程を決めるやりとりが、まるで商談のアポどりのよう。これでは相手との距離がいつまでたっても縮まりません。

言葉づかいが失礼すぎる

言葉づかいが丁寧すぎるのもアスペルガーなら、失礼なのもアスペルガー。両方の特性をあわせ持つ人もいますし、どちらかに偏っている人もいます。

どのように失礼なのかというと、ありがちなのは既読無視です。メッセージを読んだらすぐに返信しなければいけないとは思っていませんし、ましてや既読がついたのに返信がなかったら相手は不安になるだろうなどとは考えもしません。

だから、返信がやたら遅い、返信が少ない、質問に答えない、スタンプしか返さないなど、相手からのアクションに対し、反応が希薄になりがちです。

しかし、自分が興味を持っていることには非常にマメなので、趣味などについてTwitterやブログへの投稿は頻繁にしていたりします。LINEの返事は来ないのに、

SNS（ソーシャル・ネットワーキング・サービス）はこまめに更新されていたら、相手が怒るのも当たり前です。

失礼な態度は別に相手のことをバカにしているからではありません。まったく悪気なくやらかしているのです。しかし、悪気がない分、たちが悪いともいえます。もらったメッセージには返信をきちんとしていますか？

単純に面倒くさい

これは女性に多いのですが、仕事などでは普通に対応できるのに、こと恋愛となると途端に面倒くさいメンタリティーになる人がいます。

ハートの絵文字が入っていないだけで怒ったり、返信が遅いとスネたり。夜中に「寂しい」と対応に困るようなメッセージを送るのは、相手に「交際を断ってくれ」と言っているようなものです。

恋愛中は「私のこと、どう思っているのかな？」「嫌われたりしないだろうか」と不安な気持ちになるものです。しかし、その不安を相手にぶつけてしまうのは得策ではありません。婚活は一生をともに過ごすパートナーを探す場です。精神的に安定せず、自分に負担をかけてくるような相手を誰が選ぶでしょうか。

ＬＩＮＥやメールのやりとりは感情的になりやすいときには避けるようにしましょう。「ラブレターは夜書くな」とはよく言われることですが、夜というのは自分の内側に入り込みやすいので、良くも悪くも感情的になってしまいがちです。翌朝、冷静になってメッセージを読み返してみると、恥ずかしいぐらい情熱的なラブレターを送っていたりするわけです。これが愛を伝えるラブレターならまだいいとして、ネガティブな感情をぶつけたメッセージだったら大変です。

恋愛というのは一種のトランス状態です。感情が昂《たかぶ》ったり、そうかと思えば急にふさぎ込んだりしてしまいます。メッセージを送るときは必ず何度も読み直し、文章を手直しするようにしましょう。スマホの場合、うっかり送信ボタンに触れてしまうことが多いので、とくに注意が必要です。

三　ファッションセンスが独特

良くも悪くも個性的なのが発達障害。美的センスにあふれ、芸術的な才能を発揮するタイプがいる一方で、センスが奇抜すぎたり、ファッションにまったく無頓着だったりするタイプもいます。ファッションは、とても雄弁にその人を語ります。「人間は見た目じゃない！」と言い張る人がいますが、他人から見た目で判断されるのは、顔やスタイルの美醜ではなく、人の目に触れるところに気づかいができているかどうかという点なのです。

おしゃれに無頓着

無理におしゃれに関心を持つ必要はありません。ただ、最低限、清潔感のある身なりを心がけましょう。結婚すれば、どうせダラダラした格好を見せるようになるのだからと、休日にコンビニに行くような格好でデートに行ったりしてはいませんか？　そこまではしないにしても、靴やカバンが擦り切れていたり、シャツがヨレヨレだったりしていたのでは、相手に「脈がない」と思われてもしかたありません。

服装に気を使わないというのは、自分が見すぼらしく見えるだけでなく、相手をないがしろにしている行為なのです。

また、デートのあいだ、終始マスクをしたままという人がいるようです。花粉症や鼻炎がひどい場合は、「花粉症がひどいので、マスクしたままですみません」などと断りましょう。そうでなければ、マスクは外すべきです。話していても表情が読みとれず、相手が困惑してしまいます。

センスが奇抜すぎる

ファッションにしても、デートコース選びにしても、センスが独特すぎる人がいます。じつは、かつての僕がそうでした。紫が大好きで、銀のラメ入りタンクトップに紫のスーツが勝負服。あれを着こなせるのは僕か郷《ごう》ひろみさんくらいのものでしょう。

我ながらよく似合っていたのですが、なぜか周囲には不評。しかたがないので、いまではスタイリストさんに服を選んでもらっています。

ファッションセンスに自信のない人、もしくは自信はあるけれども、ちょっとズレている僕みたいな人はスタイリストさんに頼ることをおすすめします。

「パーソナルスタイリスト」でネット検索をすれば、個人で利用できるサービスがたくさん出てきます。もしスタイリストさんを頼むのが金銭的にキツければ、お店で店員さんに相談しながら買いましょう。マネキンが着ている服を、そのままそっくり買ってしまうのもありです。そのときは個性の強すぎないお店を選びましょう。

センスが独特というのは服装だけにとどまりません。デートで行くレストラン選びが残念すぎる人がいます。

たしかに監獄レストランやメルヘン・レストランなど、趣向を凝らした楽しいお店もありますし、古くて汚いけれども、ものすごくおいしい料理を出してくれるお店もあります。しかし、親しくなるまでは無難なお店を選びましょう。食に無頓着な人は平気でファミレスやファストフード店をデートに使いますが、これもダメですよ。

レストラン選びは、「食べログ」などのグルメ系クチコミサイトを参考にするとか、いっそのこと、「婚活中なんです。デートにおすすめのレストランを教えてください」とグルメな知人や先輩に聞いてみるといいでしょう。

オタク系ファッションを好む

オタク系の趣味がある人は初デートのファッションに気をつけましょう。アンダーTシャツにアニメのプリントは入っていませんか？ スマホカバーや待ち受け画面に萌《も》えキャラはいませんか？ アイドルのストラップをつけてはいませんか？

別にアニメが好きでもアイドルが好きでもいいと思います。ただ、オタク文化は理解できる人とできない人とがいますので、親しくなってきてから、相手の反応を見つつ、小出しにカミングアウトしていったほうが無難です。

もしオタク道を結婚後も邁進《まいしん》していきたいのなら、オタク限定の婚活パーティーなどを利用してみるといいでしょう。一緒にコミケに行ったり、イベントに行ったり、楽しく過ごせるパートナーが見つかると思います。

四　「自分の世界」に入り込んでいる

とくにアスペルガーに顕著なのですが、発達障害を持つ人は興味や価値観が偏っていたり、特定の分野に極端にのめり込んだりする傾向が見られます。

それをうまく生かせば、研究職など専門性の高い職種で活躍することができますが、人づきあいという面では裏目に出てしまうことも。良くも悪くも偏狭的なため、持論がすべて正しい、この考え方以外は間違っているという独善性に陥りがちです。

こんな態度では婚活がうまくいかなくて当たり前。相互の価値観を認め合えるよう努力しましょう。

持論を押しつける

アスペルガーや多動衝動性優勢型ＡＤＨＤによく見られる傾向です。「これが正しい」という信念を持つことは悪いことではありませんが、それは自分のなかでの問題。他者に押しつけるのはよくありません。

お互いのライフスタイルや価値観をまったく考慮せず、「夫はこうあるべき」「妻はこうあるべき」と唱えたところで、うまくいきません。とくにアスペルガーの男性は保守的な考え方を持っていることが多く、女性に対して古風な理想像を抱きがちです。もちろん、古風な価値観の女性とマッチングできる可能性もゼロではありませんが、男女平等が進んできているいま、自分は黒子《くろこ》となって夫の活躍を支えたいと考える女性はそうそう見つかりません。また、古風な夫婦モデルを実現したいのであれば、共働きでなくてもやっていけるだけの経済力を持っていることが最低条件です。

婚活はお互いの望む結婚生活に対して上手な妥協点を見いだすことが重要なポイント。持論を押しつけていたのでは、いつまでたっても婚活を終えることができません。

なんか偉そうに振る舞う

これは劣等感の裏返しとして尊大な態度をとっている場合と、自分の考え方が絶対に正しいという思い込みから威張っている場合とがあります。いずれにしても、これはマナー違反。相手とは対等に接することが婚活のマナーです。

その場は気分がいいかもしれませんが、偉そうに振る舞うことで、相手の気分を害し、交際を断られてしまったのでは意味がありません。尊大な態度をとる人と生活をともにしたいと思う人はいないことぐらい、考えればわかることです。

説教をする。上から目線で話す。自分好みの服装を押しつける。召し使いのように女性を扱う。これらはアスペルガーの男性によく見られる態度です。女性の場合は「男には負けたくない」といった気持ちで男性とやたら張り合うことがあります。

このような態度をとることが異性の目に魅力的に映るのか、自分が相手の立場だったら自分と結婚したいと思うのか、冷静に考えてみましょう。偉そうな態度をとる人とは幸せな結婚生活など思い描けませんよね。

スピリチュアル系にハマっている

オタク同様、気をつけてほしいのがスピリチュアルです。スピリチュアル好きの場合、ファッションにその志向性が表れることは少ないでしょう。しかし、話の内容や表現には十分気をつけてください。

発達障害を持つ人は真理の探究や哲学的思索を好む傾向があり、基本的にスピリチュアルが大好きです。以前はオカルトなどと呼ばれていたスピリチュアルも、一時期はゴールデンタイムにテレビ番組がレギュラー放送されるほどの大変なブームになり、すっかり市民権を得たように思われます。

しかし、スピリチュアルは独特な世界。政治や宗教について語るときと同じような配慮が必要です。ある程度親しくなるまでは話題にしないほうが無難でしょう。

スピリチュアル的な価値観はその人の信念や行動指針に影響を与えます。スピリチュアルにハマると、その価値観が空気のように当たり前になり、一般的な価値観とのギャップに無頓着になってしまうことがあります。専門用語ばかりを使って話し、相手が理解できないとわかると、「こんなことも知らないの?」といった態度を示す人がいるのです。

スピリチュアルにハマればハマるほど尊大な態度になる人が出てくるのは不思議で

なりませんが、スピリチュアルにハマっているというのは、同じスピリチュアルファン以外からはあまり歓迎されないものです。

ディープなスピリチュアル話は同じ趣味を持つ友人との会話にとどめておいて、婚活の場ではほどほどにしておきましょう。

「結婚の目的」がズレている

婚活するからには、それぞれ結婚に対して求めているものがあるのでしょう。しかし、結婚の目的があまりに自分勝手ではパートナーを見つけることができません。

発達障害を持つ人は家事などの生活能力が低いことが多々あり、毎日の生活に困りがちです。そこをフォローしてほしくて結婚を考える人は少なくありません。しかし、デートやお見合いの席でひとり暮らしの苦労をとうとうと語るのは考えものです。結婚することで相手に解決してほしいという欲求が見えみえですから。

これは企業の採用面接で、いきなり給料や福利厚生の話を始めるようなものです。そんな話は内定が出てからすること。面接の場ではしっかり自分をアピールすべきです。婚活も同じです。自分がしてもらえることではなく、自分がしてあげられることをしっかり相手に伝えてアピールしなければ、次のデートに進むことはありません。パートナーはあなたの御用聞きではないことを肝に銘じ、「結婚したら自分は何をしてあげられるだろうか」ということを、いま一度考えてみてください。

自分が相手に与えるという視点を持つことで気持ちにゆとりが生まれます。相手に求めるばかりの人は焦りが生じやすく、まだあまり親しくなっていないころから、いきなり結婚の話を詰めようとしてしまいがちです。そんなにガツガツしていたら敬遠されてしまいます。

いま、結婚相手に求められているものは、人生をともに楽しく過ごせるパートナーシップです。そこを理解せずに自分勝手な要求を突きつけていては、いつまでたっても相手を見つけることはできないでしょう。

五　そのほかの発達障害者に特有の考え方

次に挙げるのは番外編です。「本当に婚活する気あるの？」と思ってしまうようなものばかりですが、意外なほど多くの人がこのような状態にあるのです。

初めての場所や人が怖くてデートができない

初めての人を紹介してもらうために婚活サービスに登録している人にとっては、完全に会費のムダです。

初対面の恐怖は慣れればなんとかなります。最初のデートですぐ断られても構いません。とりあえず五人と会うことを目標に頑張ってみましょう。

とはいえ、発達障害を持つ人（とくにアスペルガー）は初めての人や場所が病的に苦手です。そういう場合は、行ったことのある喫茶店やレストランをデートコースに入れておきましょう。行ったことのある店がなければ、下見をしておくと、緊張がだいぶ和らぎます。

やたらとボディータッチしたがる

発達障害を持つ人は相手との距離のとり方がおかしいことがあります。これ以上近づかれると不快に感じるという範囲をパーソナル・スペースといいますが、このパーソナル・スペースの範囲が普通と違うのです。

アスペルガーの場合、刺激に過敏でパーソナル・スペースが広い（他者が少し近づいただけで不快になる）ことが多いのですが、ＡＤＨＤの人のなかにはパーソナル・スペースがほとんどない人がいます。

誰かが接近しても自分は不快に感じないため、ほかの人のパーソナル・スペースに対する配慮に欠けてしまいます。女性の場合、男性にも平気で近づいたり、触れたりするため、軽い女性だと思われたり、誘惑しているのかと勘違いされたりすることがあります。男性の場合は、それこそセクハラ扱いされてしまうでしょう。

偏食すぎてレストランを選べない

発達障害のある人は極端な偏食を持つことがあります。とにかく好き嫌いが激しいというパターンもあれば、ちょっと前まではカレーしか食べなかったけれども、いまは毎日三食ハンバーグと過剰なマイブームがあることも。

僕は以前、後者の偏食を持っていて、エビフライにハマったとき、一度に四〇本食べて倒れたことがあります。救急車で運ばれて胃洗浄を受けました。普通なら、そこまでいく前に「食べすぎだ」と自制したり、「ちょっと気持ち悪くなってきた」と体調の変化に気づいたりするものですが、過敏さと鈍感さの両方を持ち合わせている発達障害者には程度がわからないのです。

エビフライの食べすぎで僕が倒れたのは鈍感さが災いしたからですが、好き嫌いが激しい場合は味覚の過敏によるものかもしれません。あまりに好き嫌いが激しければデートコース選びにも困りますし、結婚してからの生活も思いやられます。

食べものの好き嫌いというのは慣れによってかなり克服できるものです。少しずつでいいので食べられるものを増やしていきましょう。好き嫌いが減ってくるまでは、レストラン選びは自分が買って出てください。せっかく相手が選んでくれたレストランを「嫌いだから」という理由で断ったのでは印象が悪いですから。

デートの序盤から疲労困憊してしまう

発達障害のなかでも多動衝動性優勢型ＡＤＨＤの人は社交性に富み、出かけることが好きなので、婚活もきっと楽しんで取り組めると思います。しかし、アスペルガーの場合、そうはいきません。対人恐怖が強く、雑談のようなとりとめのない会話が苦手。そのくせして気が小さくて、自分が人にどう思われているのかが気になります。「アスペルガーは空気を読まない傍若無人」といわれますが、それは正しくありません。空気を読まないのではなく、読みたくても空気が読めないのです。人一倍小心者で誰からも嫌われたくないのに、症状が邪魔して、人にいやがられるような言動ばかりしてしまう。そんな自分にほとほと困り果てています。

普段の生活でも困惑しているのに、婚活となったらなおさらです。「嫌われたらどうしよう」「この発言はまずかったかな？」「誤解されたかもしれない」と、デートが始まってまだ三〇分もたたないうちから疲労困憊《こんぱい》してしまいます。

根本的に解決したければ発達障害の改善に取り組むのがいちばんです。しかし、発達障害の克服までは長い道のり。ようやく生きていくのが楽になったと思ったら婚期をとっくに逃していた、などという事態になりかねません。発達障害の改善に気長に取り組みつつも、比較的効果の早く出る方法も併用してください。

効果の早い対策としてとくにおすすめするのは、もう何度も出てきましたが、場数を踏んで慣れることです。慣れることによって恐怖心や疲労感は大幅に軽減されます。

ママがデートプランを考えてくれる

初めて話を聞いたときには、さすがに僕も耳を疑いました。しかし、こう告白してくれたのは、ひとりではありません。

自分の子が発達障害を持っているということで、つい過保護になってしまう親御さん、あまりに不器用なので見ていられなくなった親御さん、早く結婚してほしくて本人より婚活に力が入ってしまっている親御さんと、さまざまです。

親御さんの気持ちはわからないでもありませんが、結婚するのはあくまで本人。無事に結婚できたとしても、家計のやりくり、家事の分担、子育て方針と、夫婦で解決すべき課題は山積みです。主体性なしに家庭生活は成り立ちません。自分で乗り切る力をつけておかなければ、結婚生活が思いやられます。

相談①への答え　録音、書き出し、読み上げで「コミュ障」を克服

ポイントを押さえて話ができない人というのは、自分の話が相手にどこまで伝わっているのかを考慮していません。和美さんはスマホで録音したデート中の会話を聞いて、自分の話の支離滅裂さに驚きました。会話を勝手に先読みして、相手の話に対して見当外れなことを答えている場面も多々ありました。

彼が「ゴールデンウィークって、休めるの？」と聞いてきたとき、和美さんは「ゴールデンウィークってさぁ、みんなどうやって旅行の予定とか立てるんだろう。箱根《はこね》とか人気みたいだけど。旅館の予約って、もういっぱいかな。あっ、いとこが上京してくるって言ってるんだよね。そのいとこがさぁ……」と答えていました。これ

では彼が自分の話を飛ばされたと不快に思うのも当然です。

和美さんには録音した会話を繰り返し聞きながら、

「ゴールデンウィークはカレンダーどおりに休めるよ。一緒に箱根に行きたいな。でも、いとこが上京してくるから、その日程がわかるまで予定が立てられないんだよね」

と紙に適切な返事を書き出し、繰り返し読んでもらいました。

録音、書き出し、読み上げという作業を繰り返すことで、だいぶ話の要点が伝わるようになりました。彼とのケンカは激減し、職場での評判も上がっているそうです。

第三章

発達障害者にとって「理想の相手」とは

発達障害者同士には相性がある

すでに婚活を始めている人はなんとなくお気づきかもしれませんが、婚活している人のなかでは発達障害者の割合が通常より高くなっています。

理由は大きく二つあります。

まず、発達障害者はその症状のせいでコミュニケーションがうまくありません。なかなか恋愛ができなかったり、恋愛が長続きしなかったりして、自分で結婚相手を見つけるのが困難です。そのため、結婚を希望する発達障害者は婚活サービスを利用することが多くなります。

二つ目の理由は発達障害者の成婚率の低さにあります。コミュニケーションが上手な人は婚活サービスを使って次々と結婚していきます。残されるのはコミュニケーション下手《べた》の人たちばかり。こうして婚活サービス利用者の発達障害者の割合がどんどん高くなっていくのです。

発達障害者やグレーゾーンの人は結婚相手として敬遠される傾向がありますが、相性によっては良好なパートナーになることができます。もしあなたが発達障害やグレーゾーンであるなら、同じ悩みを持つ者同士、ともに改善プログラムに励み、またお互いがお互いのコーチとして機能することができます。

発達障害者同士がカップルになる場合、その相性をしっかり見きわめることが重要です。

相性の良い発達障害者同士の組み合わせ

受動型アスペルガー&受動型アスペルガー

相性がいいといえるでしょう。とはいえ、無条件でOKというわけではありません。趣味が合うかどうか、情緒が安定しているかどうかが重要なポイントです。

アスペルガーの人は自分のペースを乱されたり、ひとりの時間を奪われたりすると大きなストレスを感じます。ペースとスペースへの保守が強い場合、ほとんど会話をしなくなることもあります。デートや同居にストレスを感じてしまうためです。

そうなると、つきあっているんだかなんだかよくわからないような状態になってしまいます。ペースやスペースへの保守性が自分と同程度の相手を選べば、お互い心地よい距離感で接することができるでしょう。

受動型アスペルガー&不注意優勢型ADHD

共通する症状が多く、好相性です。

もちろん症状が異なるところもあります。受動型アスペルガーは頑固で他人から口出しされるのを嫌い、自分の意見を決して変えません。

それに対し、不注意優勢型ADHDは自己主張がほとんどなく、言いなりです。お互い正反対の特徴を持っていますが、うまい具合にぴったりマッチしています。

不注意優勢型ADHDは不安定で頼りなく、雨に濡れながら泣く、か弱い子猫のよう。一方、アスペルガーは人に関心がないという一面を持ちつつも、とても世話好きな側面もあわせ持っています。

「弱いものを守りたい」という福祉的な傾向が強いため、不注意優勢型ADHDの人を見ると「守りたい」という気持ちにスイッチが入り、恋愛につながりやすいのです。

ただし、この組み合わせのカップルは共依存（131ページ参照）に陥りやすいので要注意。アスペルガーが一所懸命に守り、それに不注意優勢型ADHDが甘え切ってしまうことがあります。

相性の悪い発達障害者同士の組み合わせ

受動型アスペルガー＆多動衝動性優勢型ADHD

最も相性が悪い組み合わせです。この二つは基本症状がすべて正反対の性質を持っています。

受動型アスペルガーは保守的で規則性を好みます。引きこもり傾向があり、自分のペースやスペースを大事にしたいタイプ。話し方は目的志向で、雑談が苦手です。趣味もひとつのことに深く長く、とことんのめり込みます。

それに対し、多動衝動性優勢型ADHDは、とにかくじっとしていません。いつまでもしゃべり続けるし、ペースもスペースもお構いなし。先の行動がまったく読めません。趣味は長続きせず、多趣味で友だちがたくさんいます。

受動型アスペルガーと多動衝動性優勢型ADHDは症状としての相性が悪く、この二人がカップルになったらケンカが絶えなくなるでしょう。アスペルガーの人は「規則的にやることが正しい」と思っているし、多動衝動性優勢型ADHDの人は「臨機応変が正しい」と思っています。どちらも合理的判断ではなく、症状からくる考え方の傾向なので、いくら話し合ったところで意見がまとまることはありません。

夫が受動型アスペルガーの場合、価値観が保守的で、古風な妻を求めがちです。しかし、多動衝動性優勢型ADHDにはリベラルな考えの人が多いので、「どうして一日中、家にいなきゃいけないの?」と不満に感じてしまいます。

しかも家事や育児が苦手な傾向があるので、夫が家に帰っても食事ができていないという事態がよく起こります。また、計画性がなく、たまに食事がつくってあると思ったら一〇人前ぐらいできているといったことにもなりかねません。

夫が妻に求める理想と現実の乖離《かいり》が激しく、また妻は夫によって自由を奪われていると感じ、お互いに大きなストレスを抱えます。この組み合わせのカップルは離婚率が非常に高いのが特徴です。

惹かれ合いやすいが関係が悪化する発達障害者同士の組み合わせ

なぜか発達障害者同士は惹《ひ》かれ合いやすいという傾向があるのですが、なかでもとくに惹かれ合う組み合わせがあります。ただ、ここで注意したいのは、惹かれ合うからといって相性がいいわけではないということです。会った途端、お互いすごく惹かれ合ってつきあったのに、いざ一緒になってみると、どんどん関係が壊れていってしまう。そういう組み合わせがあるのです。

不注意優勢型ＡＤＨＤ＆多動衝動性優勢型ＡＤＨＤ

非常に惹かれ合いやすい組み合わせです。とくに女性が不注意優勢型ＡＤＨＤで男性が多動衝動性優勢型ＡＤＨＤの場合、それが顕著に表れます。

不注意優勢型は基本に臆病で、「自分には生きていく力なんてない」と思い込んでいるようなところがあります。

それに対し、多動衝動性優勢型ＡＤＨＤは向こう見ずな言動が多く、好き勝手に振る舞う一匹狼《おおかみ》です。怖いもの知らずで、なんにでも飛び込むことができます。その行動力を見た不注意優勢型ＡＤＨＤは、「なんて力強いんだろう」「生きる力にあふれている」と惹かれてしまうのです。

多動衝動性優勢型ＡＤＨＤはジャイアン的気質を持っています。他人に指図されるのがいや。つねに自分がいちばんで、相手に対して従順を求めます。おとなしい不注意優勢型ＡＤＨＤの人と一緒になると、この横暴さが増長してしまいます。道具のように扱われ、不注意優勢型ＡＤＨＤの妻の心はボロボロ。モラハラ（179ページ参照）状態に陥りやすいのです。

また、多動衝動性優勢型ＡＤＨＤは社交的でおしゃべり好き。発達障害にはめずらしく、雑談などのコミュニケーション力が高いのが特徴です。好奇心が強く、知らない人に声をかけることも平気です。飽きっぽくて冒険好きな性質が災いし、基本的に浮気性です。文句の言えない不注意優勢型ＡＤＨＤは、いやなのに我慢してしまう。そういう不幸が起こりがちです。

そもそも結婚に向いていない発達障害者のタイプ

孤立型アスペルガー

受動型に近い症状を持っています。受動型と違う点はその孤立性。人とかかわること、一緒にいることに受動型より大きな苦痛を感じます。そのため、恋愛機会はきわめて少ないのが普通です。

人とかかわれないのですから、結婚には向いていません。しかし、ひとりでいることを好む半面、病的な寂しがり屋でもあります。誰かと一緒にいるとストレスを感じる、でも寂しい。その葛藤をずっと繰り返しているのです。

もし孤立型アスペルガーの人が結婚するとなったら、ペースとスペースの確保がきわめて重要になります。大きな家に住んで夫婦別行動をするか、週末婚や別居婚というかたちであればうまくいくでしょう。

積極奇異型アスペルガー

結婚には向きませんが、その理由は孤立型アスペルガーとはまったく違います。共感性が低い、空気が読めないという点ではほかのアスペルガーと共通していますが、積極奇異型はとにかくポジティブです。

俺様がいちばん！　という感じで周囲が見えません。多動傾向もあるため、ひとりの人とじっくり向き合うことはなく、恋の相手をとっかえひっかえ。社交性が高いので、知り合いはとても多いのですが、親友や長期的につきあえる恋人はほとんどいません。深い絶望感が邪魔をして、他者と深いかかわりを持つことができないのです。

恋愛においてはロマンス依存傾向が多分に見られます。恋愛にハラハラドキドキを求めるため、恋愛初期のときめく気持ちが薄れてくると飽き始めてしまうのです。別に相手のことを嫌いになるわけではありませんが、興味が向かなくなり、別の新しい人に夢中になってしまいます。大変な浮気性で、結婚には不向きです。しかし、その行動力とカリスマ性があり、仕事では成功しやすいタイプといえます。

不注意優勢型ＡＤＨＤ

同じ不注意優勢型ＡＤＨＤか受動型アスペルガーと好相性です。

しかし、不注意優勢型ＡＤＨＤは繊細で、メンタルを病みやすい傾向にあります。不注意優勢型ＡＤＨＤ同士のカップルの場合、二人そろってメンタルを病んでいたのではとても生活できません。また、受動型アスペルガーとのカップルの場合、最初のうちは、はかなげな様子に心惹かれていた相手も、その精神病理がだんだん面倒になっていきます。

もし結婚するのであれば、お互いに症状を改善し、努力し合わなければ、結婚生活の継続は難しいでしょう。

「類似性」に惹かれるか、「補完性」に惹かれるか

異性に惹かれるとき、似た者同士の「類似性」が魅力になっているか、自分に足りないものを持っている「補完性」が魅力になっていることが多いものです。発達障害者がパートナーを探すとき、類似性と補完性のどちらに注目すればいいのでしょうか。

発達障害を持っている人は自分の長所には目を向けず、自分の能力不足ばかりを嘆く傾向が見られます。その場合、自分に欠けている部分を補ってくれそうな、自分とは正反対のタイプに無意識のうちに心惹かれるようです。

もちろん補完性という意味ではセーフティー・ネットになりえます。しかし、気質的な違いからぶつかり合うことが多く、ケンカが絶えません。自分とは正反対の部分にストレスを感じない場合、もしくは多少ストレスを感じるものの、それが妥協できる範囲の場合は結婚生活はうまく回るでしょう。

この補完性の典型が受動型アスペルガーと多動衝動性優勢型ＡＤＨＤのカップル。受動型アスペルガーは目的のない人づきあいが苦手です。近所づきあいをせず、地域の活動にもほとんど参加しません。ワーカホリック（仕事中毒）で、仕事漬けの毎日です。

それに対し、多動衝動性優勢型ＡＤＨＤはおしゃべり好きで友好的。あちこちに知り合いがいて、誰とでも仲よくなります。仕事より遊びの天才。受動型アスペルガーと多動衝動性優勢型ＡＤＨＤは、きわめて補完性が高い症状を持っています。

この補完性がうまく機能すればいいのですが、裏目に出てしまうこともあります。受動型アスペルガーの人は規則性がないと落ち着きません。急な予定変更に弱く、すぐうろたえてしまいます。

しかし、多動衝動性優勢型ＡＤＨＤの人は、つねに言うこともやることもコロコロ変わります。生真面目な受動型アスペルガーはそれに振り回されてしまいます。結果、大ゲンカ。補完作用どころではありません。

これが受動型アスペルガー同士であれば、会話も通じやすいし、ストレスは少なくなります。しかし、欠点も共通しているため、仲はよくても、弱点は補えません。これが類似性カップルの特徴です。

どちらも一長一短はありますが、補完性の高いパートナーにイライラするより、気の合うパートナーを選んで、足りない部分をアウトソースすることをおすすめします。

昔のように生存戦略のために結婚するのであれば補完性を重視すべきです。しかし、いまの時代の結婚は情緒的な結びつきが長続きの要です。いくら合理的であっても我慢できないものは長続きしません。居心地のよさを優先するのです。

補完性のある相手は情緒より利害が重視される関係に適しています。夫婦より仕事のパートナーに向いているでしょう。

健全な関係づくりから逃げる「回避依存」

発達障害者は定型発達の人に比べて格段に恋愛依存に陥りやすい傾向があります。恋愛依存は大きく分けると回避依存、共依存、ロマンス依存、セックス依存の四つに分類されますが、発達障害を持つ人は、とくに回避依存と共依存が多く見られます。

健全な関係を築くことから逃げてしまうのが回避依存です。ひと口に回避依存といっても、その傾向はさまざま。

アスペルガーに最もありがちなのは、関係そのものを持たないこと。必要なときだけ他者と接します。この場合は当然、恋愛の機会がほとんどありません。

運よく交際が始まったとしても、深い関係を築くことを無意識のうちに避けてしまいます。相手が深い関係に踏み込もうとすると、黙り込んでしまうか、逃げるように話題を変えてしまうのです。

夫婦間では、

◎お互いの長所と短所を把握する
◎お互いの長期的な目標を理解する
◎将来的なセーフティー・ネットをともに強化する

この三つが大切です。これが達成できて初めて夫婦であることのメリットが生まれます。

しかし、深い関係を拒否してしまう回避依存者はパートナーに関心が向きません。相手の長所と短所がわからないので、その生かし方も、フォローのしかたもわかりません。

長期的な目標について二人で話し合うことがないため、将来の収入のために知識や技術を学んだり、投資したりといったセーフティー・ネットを協力して築くこともできません。お互いのフォローも協力もできないのでは、夫婦関係がただのルームシェアになってしまいます。

回避依存にはもうひとつのパターンがあります。それは幸せになることから回避するというものです。このタイプの回避依存の不幸な恋愛としてよく知られているのは、ダメ男やダメ女とつきあってしまうことでしょう。

なぜかダメ男ばかりとつきあってしまう女性を描いた倉田真由美《くらたまゆみ》さんの『だめんず・うぉ〜か〜』（扶桑社《ふそうしゃ》）という漫画がヒットし、ドラマ化までされましたが、その登場人物たちは、まぎれもなく回避依存です。

回避依存の人は、だらしなくて生活能力がない、わがままで自分勝手な暴君タイプといった、普通だったら避けたい相手になぜか惹かれてしまいます。

本人は「つきあうまでは、そんな人だと知らなかった」と言いますし、実際そうなのだと思いますが、もし過去の恋愛で三人以上ダメな相手が続いたことがあるなら、自分の回避依存傾向を自覚したほうがいいでしょう。無意識にそういう相手を引き寄せているのです。

このタイプの人は自分にとって有益な異性と会うと怖くなったり、つまらなく感じたりして逃げ出してしまいます。しかし、ダメな相手には抗《あらが》えないほどの魅力を感じてしまうのです。

これは発達障害特有の強烈な劣等感によるところが大きいと考えられます。劣等感が強いため、「自分は幸せになれない」「私は幸せになってはいけない」と勝手に思い込んでしまいます。そして、無意識のうちにいい人との出会いを拒み、苦労させられるような相手を受け入れてしまうのです。

劣等感が強いあまり、認知が狭窄《きょうさく》を起こしているのでしょう。この状態でいい人と出会うと、なぜか居心地が悪くなってしまいます。高級レストランにジャージ姿で入ってしまったような、いたたまれない気持ちになるのです。それくらい自己イメージが低くなっているということです。そして、低い自己イメージにお似合いのパートナーを見つけてしまいます。

相手に甘えて暴君になる「共依存」

共依存というのは文字どおり、お互いに依存し合っている状態のことです。人は社会的な生き物なので、ひとりで生きていくことはできません。必ず何かしらに頼って生きています。また、自分も社会の一員として何かしらの役割を果たしているわけです。そういう健全な範囲での「お互いさま」を通り越してしまったのが、この共依存です。

共依存の特徴は、依存する側と依存される側という一方的な関係に見えてしまうところにあります。親子、夫婦、介護や看護において起こりがちな依存関係です。世話をする側は大変な苦労がともなうものの、「役に立っている」という実感で心が満たされます。

発達障害者は劣等感が強く、自分を無価値だと感じているため、人の役に立つこと、人から頼られることによって自分の価値を認識してしまうのです。

共依存関係にある夫婦は片方が暴君になることが多いものです。暴力や暴言を通して相手に甘えています。とくに受動型アスペルガーなどは内弁慶《うちべんけい》なので、外でたまった鬱憤を家で爆発させることがあります。これはイライラした子どもが母親に当たり散らすのと同じです。

これは弱さの裏返しだといえるでしょう。暴君になることで、自己防衛を図っているのです。昔から「弱い犬ほどよく吠《ほ》える」といわれます。臆病な犬は人間が近づくと吠えたり噛《か》みついたりすることがありますが、それは攻撃することで身を守っているわけです。

回避依存の人もこの犬と同じ。自分のテリトリーに入ってこられるのが怖いのです。たとえそれが善意からであっても、正しいことであっても、踏み込まれることを脅威だと感じてしまいます。だから暴君になることで自分を守ろうとしているのです。

定型発達の人であれば、幼いころに虐待を受けていたとか、ひどいいじめにあっていたというような経験から人を恐れるようになることがあります。しかし、発達障害の場合は成育歴より症状としての劣等感や恐怖感が大きな要因です。成育歴に問題がある場合は、さらに顕著に対人恐怖を示しますが、発達障害の症状が改善されれば、成育歴にかかわらず対人恐怖は緩和されます。

また、自己防衛ではなく自己有力感を持つために暴君になるパターンもあります。このパターンは夫が暴君になるケースに多く見られます。これは深い劣等感に由来するものです。男女には体力差があるため、暴力を振るうことによって自分の優位性を誇示し、有力感を体験するのです。

暴君になる人はその根底に回避依存が潜んでいます。恐怖心や劣等感が邪魔をして深い相互理解を築くことができないために暴力や暴言という行動に出るのです。

また、パートナーのほうは、「この人は私が見捨てたら生きていけない」と相手に耐えること、尽くすことを自己の存在証明としています。回避依存と共依存のミックスは非常に堅牢《けんろう》で、一度この関係にハマってしまうと、なかなか抜け出すことができません。

発達障害を持つ人は対等な人間関係を築くことが苦手なようです。しかし、どちらが上でも下でもないフラットな関係を保つことが幸せな結婚生活を送るうえで重要なポイントです。発達障害の症状を改善すれば、回避依存や共依存の傾向を大きく抑えることができます。

「キャラをつくればいい」は大間違い

これまでなかなか恋愛でうまくいかなかった人は、「相手に好かれなきゃ」「素《す》のまんまの自分じゃダメだ」という思いからキャラクターをつくり込んでしまうことがあります。発達障害を持っている人は、とくに「自分は普通の人と違う」という自覚があるため、なんとか頑張って魅力的な人を演じようとします。

もちろん婚活では自分のよさを売り込むことが重要ですから、多少の演出は必要になりますが、過剰なキャラづくりはやめておきましょう。交際が順調に進んでも、「この人は本当の私ではなく、私の演じているキャラのことが好きなんだ」と自分を苦しめる材料になってしまいます。さらには婚活に成功したらしたで、一生そのキャラクターを演じ続けなければいけなくなります。

自分ではないキャラクターを演じるのは多大なストレスです。発達障害者はただでさえストレスフルな毎日を送っているのですから、これ以上のストレスを自分に課すのはやめましょう。

演技過剰な人は大きな精神病理を抱えている可能性があります。過剰な劣等感によるものが大半ですが、このような強い劣等感はパートナーも蝕《むしば》んでしまいます。発達障害の人同士がつきあうと何かと大変なのですが、それはこの劣等感に由来するところが大きいものです。

被害者意識が強い、どうでもいいことに腹を立てる、無意味に傷つく。そして、それをパートナーにぶつける。これではケンカの絶えない家庭になってしまいます。

発達障害者同士のカップルは、お互いに「症状を改善させよう」という気持ちがあってこそ、いいパートナーシップを築くことができるのです。演技過剰な人にあたったら、あまり深入りしないことをおすすめします。

とはいえ、パーティーの席などでは多少自分を偽ってしまいがちです。とくに女性は「自分をよく見せたい」という気持ちを誰もが持っています。それが服装やメイクの工夫として生かされるという点ではいいのですが、つい最大公約数的な女性らしさ、つまり万人受けを狙ってしまう傾向にあります。

異性が求めるものを提供しなければ競争に勝てないという意識が働き、ゆるふわ系モテファッションに走ってしまうのです。もちろん、そういうファッションが好きであれば構いませんが、異性受けを狙って自分を曲げてまで相手に迎合したのでは、関係が長くなるにつれて無理が生じてしまいます。

結婚相手はひとりでいいのですから、本来的には万人受けは必要ありません。マッチングさえうまくいけば、パートナーは見つかるのです。

うまくいかない理由は「マッチング」の不備にある

結婚生活が破綻してしまう原因は発達障害の症状がどうのということにかぎりません。そもそものマッチングが甘いというのが最大の要因です。細やかなマッチングをするしくみがあれば、多くの人に結婚や恋愛の機会が生まれるでしょう。

それを考えると、昔のお見合いは、じつによくできたシステムでした。親戚づきあいや仕事を通して本人のことを知りつくしている人が長年の勘を駆使してマッチングしてくれるのですから。しかし、個人がきちんと尊重されるいまの時代に昭和的なお見合いを復活させることは不可能です。

マッチングに関する問題は、最終的にはＩＴが解決してくれると僕は思っています。

今後はビッグデータとＡＩを活用したマッチングに移行していくでしょう。

一見、ネガティブな情報もすべて入力した状態でマッチングしていくことで、精度を格段に上げることができます。データのところはブラックボックスにしておいて、この男性とこの女性がマッチしました、という結果だけを出力するわけです。

ＩＴによるマッチングが婚活市場で実用化されるのは、おそらく一〇年後、早くても五年後くらいでしょう。それまで待てるのであればいいですが、年齢的に待っていられないという人は既存のシステムを使うしかありません。であれば、マッチングの精度を高めるためにも、過剰なキャラづくりはやめておきましょう。

第四章

発達障害者でも婚活に成功できる「一〇の方法」

相談②　彼がアスペルガーで結婚を躊躇している

化粧品販売員の由香さん（二八）は三年つきあっている恋人のことで悩んでいました。そろそろ結婚について具体的に考えたい時期なのですが、彼との結婚生活に一抹の不安を感じています。

僕の健康カウンセリングを受けている彼女はカウンセリング中、こう尋ねてきました。「彼が私をないがしろにしているみたいで、結婚に踏み込めないんです」

由香さんの彼は高校時代からの親友の兄で、ベンチャー企業に勤めるプログラマー。仕事熱心で真面目。収入も悪くない。「いずれは独立したい」と言っています。「真面目だし、いい人なんだとは思います。贅沢《ぜいたく》を言っているのかもしれませんが、でも、ちっとも気持ちが通じている気がしないんです」

と由香さんは言います。

デートはいつも彼の部屋。することといえばゲームかＤＶＤ鑑賞。彼はこだわりのコーヒーを淹《い》れるのですが、いつも自分の分だけ。由香さんに「コーヒー、飲む？」と聞くことはありません。夕飯は決まって駅前の居酒屋。「同じ店しか行かないのでメニューを全品制覇しちゃいました」と由香さんは苦笑いします。

「街を歩いていると、ほかのカップルとかが目に入るじゃないですか。彼氏さんがさりげなく車道側を歩いているのを見たりすると、複雑な気持ちになります」

由香さんは彼の気持ちを疑い始めていました。

まずはファッションに気を使う

グレーゾーン・アスペルガーやADHDの女性はファッションセンスがよいことが多いのですが、それ以外の発達障害者は壊滅的な服装をしていることが多々あります。美人やイケメンでなくても、工夫しだいで、ずいぶん見た目の好感度が上がるものです。見た目がすべてではありませんが、第一印象はほぼ見た目で決まります。

第一印象が悪かった場合、それを覆すのには多大な時間がかかります。少しでも第一印象の好感度を上げておくのが得策。そのためにはファッションに気を使うのが最も手っとり早くて効果的です。

身だしなみを整えるというのは、第一印象をよくするだけでなく、自分のメンタルを整えるのにも効果があります。

警察官が制服を着ているのは、制服を着ることで警察官がいると周囲に知らしめ、防犯の一助にするという一面もありますが、警察官自身にも「自分は警察官なんだ」という自覚を促し、職務によりコミットさせるという効果があります。これは心理学用語で「ユニフォーム効果」とか、「ドレス効果」などと呼ばれているもので、さまざまな実験によってその効果が実証されています。

服装で気持ちが変わるというのは制服にかぎったことではありません。私服であっても、きちんとした服を着ると、それに見合った気持ちになるものです。自分に自信がない人は、とくに服装に気を配ってみてください。スタイリストさんを活用するのもおすすめです。自分で選んだ服装では不安だという場合、スタイリストさんという味方をつけることで、さらにドレス効果を高めることができるでしょう。

ファッションに気を使うのは婚活中だけではありません。結婚後は無理しておしゃれをする必要はありませんが、休日などにいつまでもパジャマのままダラダラ過ごすのはやめましょう。ファスト・ファッションで構いませんから、こざっぱりした清潔感のある服装をすることで気持ちが引き締まります。

だらしない服装はだらしない気分を誘い、ダラダラ、ゴロゴロとせっかくの休日をムダにしてしまいます。また、結婚後も、親が小ぎれいな格好をしていると子どもの情緒が落ち着くということがわかっています。

休日の服装は街中で知り合いに会っても恥ずかしくないくらいの格好がいいでしょう。「土日はこの服を着る」と写真に撮ってコーディネイトを記録しておくと服選びが楽になり、着替えが面倒ではなくなります。

自分のペースやスペースを確保する

「ひとりの時間が欲しいんです」と僕のところに相談に来るアスペルガーの男性があとを絶ちません。そのような相談の場合、奥さんに別々の時間を持つことの重要性をお伝えするようにしています。

結婚しているからといって、四六時中一緒にいるものではありません。とくにアスペルガーの場合、ひとりの時間がないと、ストレスで心身のバランスを崩してしまいます。できれば週一度、夫婦のどちらでもいいのでホテルに泊まって別々の時間を過ごせるといいですね。自宅に余裕があれば、寝室を別々にするとか、書斎を設けるとか、自分の時間と空間を持つ工夫をしましょう。

このような工夫が必要なのは、アスペルガーにかぎった話ではありません。定型発達の人であっても、基本的には自分のペースやスペースを乱されることにストレスを感じているものです。

自分のスマホを人に見られるのはいやですよね。見られたら困るようなデータがとくになかったとしても、気分のいいものではありません。スマホというのはあなたのスペースです。あなたの脳の外部ストレージといってもいいでしょう。スマホを見られるのがいやだというのは、自分のスペースを侵食されることを不快に感じているということです。

また、エレベーターに乗っているとき、たいていの人は上を向いて階数表示を見ていますよね。あれは、いま何階にいるのかを知りたいというだけではありません。お互いのスペースを侵略し合っていて気まずいから、とにかく上を向いてごまかしたい。

そんな気持ちの表れです。

スマホを見られたときの不快感、エレベーターでの気まずさ。それと同じような感情に四六時中さいなまれているのがアスペルガーなのです。

アスペルガーの人が結婚生活を快適に過ごしたければ、自分のペースとスペースをいかにして確保するのかがカギになります。婚活中の人は結婚の話が現実的になってきたら、お互いにひとりの時間をどうつくっていくのかを話し合っておきましょう。

会話は理屈より円滑さを重視する

男女の会話というのは、基本的にすれ違いやすいものです。

たとえば、彼女や奥さんから「お腹すかない？」と聞かれたとき、「別にすいてないよ」などとそのまま答えてしまいます。この返事、何がいけないかわかりますか？

わからなかった人は要注意ですよ。女性が「お腹すかない？」と聞いてきたときは、「私、お腹すいちゃったな。何か食べない？」という意味であることが大半です。でも、「だったら、はっきりそう言ってくれよ」という気持ちになるかもしれません。

この聞き方は、自分の要望をストレートに伝えるのは申し訳ないという彼女たちの気づかいです。男性がそこを汲《く》みとってあげなければ会話は成り立ちません。

また、彼女が「上司に叱《しか》られちゃって、ちょっと落ち込んでるの」と言ってきたときはどうでしょう。これは別に相談でもなんでもありません。ただ話を聞いて共感してほしいだけ。あなたに甘えたがっているのです。

男性はつい、彼女が困っているぞ、助けてあげなきゃ、とばかりに解決策を出してしまいます。「君の仕事のしかたが間違ってるのかもしれないね。ＴｏＤｏリストをつくって、やるべきことを整理してみたらどうかな?」などと。そうではなくて、「そっか、大変だったね。気晴らしに、おいしいもの食べにいこうよ」とでも言っておけばいいのです。

男性の会話は主に情報伝達が目的ですが、女性は共感することを目的に会話を楽しむ傾向があります。この違いには定型発達の男性でも苦労するところです。男性脳を極端にしたようなアスペルガーの場合、その苦労は何倍にもなります。

アスペルガーは生真面目なので、共感性が大事だと言われると、苦手を克服すべく力いっぱい頑張ってしまいますが、別に心からの同意が必要なわけではありません。「そうだね」「わかるよ」「大変だったね」「頑張ってるね」と同意やねぎらいの言葉を相づちとして挟み、聞き役に徹すればいいのです。

聞き上手になる、それが無理なら〝聞くふり上手〟になることで、会話は劇的なほど円滑になります。

この聞き上手、聞くふり上手ができるようになっても、まだ終わりではありません。聞くことはできても伝えることができないからです。伝え方というのは意外と難しく、相手に遠慮していては言いたいことが伝わらないし、自分の言い分ばかりを主張したのでは相手の反感を買ってしまいます。

そういうときにとても役に立つのがアサーションというスキルです。アサーションとは摩擦を起こさずに自分の要求が伝わるようにする表現技法です。アサーションのすばらしい点は、お互いの欲求の折り合いをつけることができるというところ。

たとえば、「なんで連絡くれないのよ」と言いたいとき、このまま伝えたら相手はカチンときてしまいます。それを、「メールくれるとうれしいな」とか、「連絡ないと心配だから、スタンプだけでも送ってくれると安心します」というようなメッセージを送ったらどうでしょう。大半の人は「ごめん、連絡するよ」という気持ちになるのではないでしょうか。

これはアサーションの基本テクニック、I - Messageです。「連絡ください」というのは相手の行動に主眼を置いたYou - Messageです。それに対し、「連絡くれるとうれしいです」というのは自分の感情に主眼を置いたI - Messageです。相手に何かを求めるときはI - Messageにすることで穏やかに伝えることができます。

発達障害者は言い方が直球すぎることがままあります。「その服、似合わないよ」とか、「絶対いや」などと、バシッと切ってしまうのです。これではケンカになってしまいます。

アサーションに関する書籍が多数出版されていますし、ウェブにもさまざまな情報が掲載されています。いいパートナーシップを築くためにも、ぜひアサーションを学びましょう。

相手にとって「重い女」「重い男」にならない

発達障害を持っている人は二次障害として精神疾患を併発するケースが多々あります。精神疾患までいかなくても、神経症的傾向はほとんどの発達障害者に見られます。神経症的な人は不安や恐怖の感情が強く、一つひとつの出来事を大げさに捉えてしまいます。

たとえば、友だちが遊びに来るとします。気心の知れた長いつきあいの友だちだったら、普通はコンビニで買ってきたお茶とお菓子を出して終わりですよね。ところが、神経症的なメンタルの人は、「しっかりもてなさなきゃ」と有名パティシエのお菓子や英国王室御用達《ごようたし》の紅茶を用意しようとします。

こんな感じで、日常の些細《ささい》な出来事をいちいち深刻に捉え、疲れ切ってしまうのです。この深刻さが婚活にも表れてしまいます。

女性の場合、経済的に自信がないと結婚を急ぐ傾向があります。発達障害者は職場に適応することが難しく職を転々としがちなのですが、それを必要以上に深刻に捉えてしまい、「このままじゃホームレスになっちゃう」と未来への恐怖心でいっぱいになってしまうのです。その恐怖心が結婚をせき立てます。将来への不安を自分で勝手に増殖させて、「誰かと一緒にならなければ人生の苦難を乗り越えられない」と結婚に対する欲求を高めているのです。

また、劣等感が強いため、「恋人がいないのは自分に価値がないから」と思い込んでいます。だから、余計にパートナーが欲しくなる。自信のない人ほど人からの評判を気にするものですが、それと似た心理です。恋人や配偶者がいるということは、パートナーに選ばれた自分には価値がある。そういう思考になっています。

このような人の婚活はとても重くなりがちです。「嫌われたら私には価値がない」という自分の存在価値を懸けた戦いになるのですから。その重圧感はデートの雰囲気や、会話やＬＩＮＥのメッセージの端々に表れ、確実に相手に伝わります。「重い」と感じる相手との交際は苦痛でしかありません。早々に交際を断られる結果になることでしょう。

将来の不安から結婚するという発想は、相手にとってただの迷惑です。よきパートナーシップを築きたいのなら、相手に支えてもらおうという考えを捨て、ともに支え合い、毎日を楽しむ結婚を目指しましょう。

二次元やアイドルを基準に考えない

人気アイドルやアニメキャラ、韓流スターのような相手とイメージのなかで恋をしたりしていませんか。これはたんなる妄想だから……と割り切っているつもりでも、二次元やアイドルへの思いは現実の恋愛を妨げる要因になります。

きちんと地に足ついた恋愛ができる人は、妄想をしている暇があったら、職場やサークルの気になる子をどうやって落とすかに考えをめぐらせるものです。

二次元のキャラクターや妄想のなかのアイドルは自分の思うままです。性格がよく、つねに自分のほうを向いてくれる。しかし、現実はそんなに甘くありません。ちょっとうまくいかないだけで、「この人は違う」と、すぐに離れてしまう。そんなことでは現実の恋愛は始まりません。

これは男性だけでなく、韓流スターや乙《おと》ゲー（乙女ゲーム＝女性向け恋愛シミュレーションゲーム）などにハマる女性にもいえることです。妄想と現実には大きなギャップがありますので注意しましょう。

そして、もうひとつ気になるのが、二次元やアイドルが好きだからそれを見るのではなく、異性と接するのが怖くて二次元やアイドルに逃避している人が少なからずいることです。恐怖の対象というのは、回避すればするほど、余計に怖くなってしまいます。

たとえば、パニック障害の場合。電車に乗ると怖くなってパニックを起こす人が多いのですが、その電車をより怖くさせるのは、じつは電車に乗らないことなのです。電車を避けることで一時的にはストレスから解放されますが、電車に対する恐怖心は強化されてしまいます。逃げれば逃げるほど恐怖が大きくなっていくのです。

つまり、異性への回避として妄想の恋愛に浸っていると、現実の異性への恐怖が増し、さらに恋愛が遠のいていくことになってしまいます。

また、これは男性に多いのですが、妄想恋愛ばかりで現実から目をそらしていると、異性に幻想を抱くようになります。女性は品があってやさしいものだと崇高化してしまうのです。

お姉さんがいる人は比較的女性に幻想を抱きにくい傾向があります。僕にも姉がいますが、見た目は上品なのに、家では穴の開いたスパッツを平気ではいているし、おならもするし、股間をボリボリ掻《か》いたりしている。ところがこの姉、外ではしとやかで品があり、所作が美しいと評判でした。

この姉のおかげで、僕は女性に幻想を抱くことはありません。姉や妹というのは女性と縁遠い男子にも現実の女性を教えてくれるいいサンプルだといえるでしょう。しかし、姉も妹もいなくて、男子校上がりで恋愛機会に恵まれなかったような男性の場合、女性に幻想を抱いてしまいがちです。

婚活中、女性はだらしない部分をなかなか見せないものです。これはある意味、お互いさまでもあります。男性だって結婚するまではかっこつけますから。

結婚後、相手のリラックスした姿に幻滅しないためにも、異性に対してあまり過剰な期待をしないようにしましょう。

サプリメントで神経伝達物質の分泌をよくする

なぜサプリメント？　と疑問に思われるかもしれませんが、発達障害を持つ人にとって、サプリメントは非常に有効なツールです。サプリメントを上手に使うことで、恋愛や結婚生活についても安定します。

サプリメントが整えてくれるのは体調だけではありません。メンタルにも非常に大きな影響をもたらします。人間の感情をコントロールしているのは心ではありません。神経伝達物質の授受によって、喜び、悲しみ、怒り、恐怖といったさまざまな感情がもたらされるのです。サプリメントを摂取して体のコンディションを整え、神経伝達物質が正常に分泌されるようになれば、情緒は格段に安定します。

イライラする、すぐ落ち込む、怒りっぽい、被害者意識が強い。このような情緒の乱れは性格だけの問題ではなく、栄養素の不足による部分も大きいのです。とくに発達障害者はもともと神経伝達物質の分泌に過不足があるうえ消化吸収能力が低いため、必要な栄養をきちんととれず、余計に神経伝達物質の分泌が乱れてしまいます。これによって情緒が安定せず、さまざまな症状の引き金となっているのです。

感情が落ち着くだけでも結婚生活はかなり安定します。ぜひサプリメントを活用してみてください。そのためには、まず自分にはどんな栄養が不足しているのかを知る必要があります。分子整合栄養医学にもとづいた指導をしているクリニックで検査をすると、自分に不足している栄養素を知ることができます。

「セルフ実況」でメタ認知を回復させる

自分の認知（記憶や思考、感情、五感など）を客観視することをメタ認知といいます。発達障害を持っている人はメタ認知機能が弱く、根拠のない不安や恐怖心によって対人緊張が強くなったり、姿勢やしぐさの癖にいつまでも気づかず、相手に不快な思いをさせたりします。

自分の思考や感情に対するメタ認知を回復させるには、実況中継テクニックが効果的です。

これは自分の思ったことを実況中継するだけ。たとえば対人緊張が強い場合、「明日のお見合いのことを考えているんだ」「いま、自分には緊張という感情が出てきている」「会話が途切れたら気まずいな、と考えている。不安なんだ」といった感じです。心に浮かんだ思考、記憶、イメージ、感情を淡々と実況中継していきます。

声に出したほうが効果的ですが、心のなかで唱えるだけでも構いません。実況中継を行うと自分の気持ちを他人目線で見ることになり、激しい感情から一歩距離を置くことができます。すると、緊張や不安がすっとおさまっていくのです。はじめのうちは、すぐまた元の感情に揺り戻されてしまいますが、何度も何度も繰り返していくうちに、だんだん揺り戻しが穏やかになっていきます。

対人恐怖や過緊張というのは、実態とはかけ離れた思い込みによって起こります。実況中継をすることで、それがたんなる思い込みにすぎないという認識が出てくるのです。この実況中継は普段から感情が動くたびに行うよう習慣づけてください。いざというときのためのリハーサルをしておくわけです。お見合い前の一夜漬けではあまり効果がありません。普段からどれだけ練習できているかが問われます。

発達障害を持つ人が否定的な思考やイメージにとらわれるのは対人緊張にかぎった話ではありません。仕事がうまくいかないんじゃないか。経済的にも立ち行かなくなるんじゃないか。あるいは過去のいじめられた体験がいつまでも頭をぐるぐる回り続けることもあります。可能であれば一日中でも実況中継をやるようにしましょう。

お茶を飲んでいるときには、「いま、私はお茶を飲んでいます」「舌に熱さを感じました」といった感じです。面倒くさいかもしれませんが、実況中継をすることで客観視する習慣がつき、メタ認知能力が急速に回復していきます。

肩に力が入っている人は自分の肩に力が入っていることがわからないものです。緊張に飲み込まれていますから。しかし、実況中継をすれば、「肩に力が入っている」「緊張しているんだな」と、メタ的に自分を見つめることができるようになります。

姿勢やしぐさの癖に関しては第二章でも言及しました。最近のスマホはとても高機能になっているので、録画や録音を駆使して自分のよくない癖を直していきましょう。

自分の振る舞いや話し方を確認するのは非常にしんどい作業です。私ってこんなに猫背だったの？　こんなにイヤミな話し方をしていたのか……と正直、うんざりします。しかし、自分の姿にうんざりすればするほど早く直すことができます。自分の癖に気づいた段階で、もう八割方は直ったようなものなのです。

「ごめんなさい」「すみません」の連発をやめる

やたら謝ってしまうのは自尊心が低い証拠。「ごめんなさい」「すみません」を連発してしまう人がいますが、これはいますぐ直しましょう。

これは発達障害特有の劣等感に由来します。自分が何か失礼なことをしてしまったら、それはすぐに謝るべきですが、必要もないのに「ごめんなさい」「すみません」を繰り返していると、確実にあなたの立場は相手より低くなります。

交際も結婚も男女が対等な立場で向き合うことが円満の秘訣《ひけつ》です。みずからの立場を貶めるような発言はやめましょう。

「ときめき」のあるセックスを目指す

大人の恋愛や結婚にいいセックスは不可欠です。いいセックスができているとオキシトシンというホルモンが十分に分泌され、お互いの親密さが増します。また、情緒も非常に安定します。つまり、ケンカをせず、仲よくいられるということです。

セックスは愛情さえあればいいというわけではありません。技術的な要素も必要です。ＡＶ（アダルトビデオ）の影響か、日本の男性のセックスは女性にとって力加減が強すぎ、乱暴なことが多いようです。ＡＶの多くは男性が見て興奮するようにつくられた男性向けのファンタジーです。これをセックスのお手本にしてはいけません。

男性向けのＡＶを見ると、女性は「痛そう」という感想を持つ人が多いのだそうです。女性の体は非常にデリケートで、敏感です。自分が「このぐらいだろう」と思う力加減の四分の一ぐらいでちょうどいいと思っていてください。女性向けＡＶやレズビアンもののＡＶを見て研究するのもいいでしょう。

また、女性の側もセックスに対する積極性を忘れないでください。身だしなみ、容姿の維持、セクシーな下着、ボディータッチなど、いつまでもパートナーをときめかせる存在でいられるよう努力しましょう。

「サンクコスト」にとらわれない

サンクコストというのは、日本語では「埋没費用」と訳されますが、これまでに使ってきた労力やお金、時間などのことです。

使ってしまったものは取り返せないので、これまでのことは忘れて新たに仕切り直せばいいのに、ついつい「ここまで頑張ったんだから」「せっかくお金を払ったんだし」と判断にバイアスがかかってしまいます。これまで投下したコストを少しでも回収したいという気持ちが判断力を鈍らせてしまうのです。

人は苦労すればするほどサンクコストにとらわれやすくなります。粘り強く婚活を頑張ってきた場合、「ここまで頑張ったんだから」という思いから妥協できなくなってしまうのです。

わりといい感じの人と知り合えたとしても、「次の人はもっと素敵かもしれない」という考えが頭をよぎり、交際に踏み込めません。「せっかく頑張ってきたんだから、最高の相手を捕まえたい」という気持ちが邪魔をして決断できなくなってしまいます。

ちょっと変わったサンクコストのかたちではありますが、「普通でいいと思っているのですが、なかなか相手が見つかりません」という相談をよく受けます。これは、本人は高望みせずに妥協しているつもりになっているところが曲者《くせもの》です。

「普通でいい」の普通って、どういう意味でしょう。年収が普通、容姿が普通、性格も普通でいいといった感じでしょうか。この普通を満たす人がいったいどれほどいるのか、ざっくり計算してみます。

仮に平均以上の人が五〇％の確率で存在するとします。すると年収、容姿、性格が普通もしくはそれ以上の人は〇・五×〇・五×〇・五＝〇・一二五。つまり八人にひとりの割合ということになってしまうのです。

「普通でいい」というのは、ものすごい高望みであることを自覚しましょう。この「普通でいい」は、まさにサンクコストの呪縛です。妥協しているように見えて、じつは「ここまで時間もお金もかけてきたんだから、せめて普通の人じゃないといや」という損失を回避したい気持ちの表れなのです。

婚活を成功させるには妥協点の見きわめが重要になります。どうしても譲れないというラインを持っておくことが大切です。「これだけはどうしても譲れない」という部分を持っている人は、それ以外に対して目をつぶることができるようになります。「阪神《はんしん》タイガースファンじゃないとダメ」となったら、多少相手が太っていようが我慢できたりするものです。妥協しない一点をつくることで、いい意味で基準を下げることができ、パートナー選びの自由度が上がります。

発達障害の人には完璧主義者が多く、理想が高い傾向があります。それまで苦しい人生を生きてきたから、ここらで一発逆転を狙いたいという心理もあるのでしょう。婚活に対してなかなか妥協できません。これもまたサンクコストの呪縛です。

結婚というのは意外に淡々としています。条件にバッチリな理想の相手とドラマチックに恋をする必要はありません。「この人なら、まぁ一緒にやっていけそう」ぐらいの相手でいい。むしろ、そのぐらいの相手のほうがうまくいきやすいものです。

婚活で高望みする人は結婚に恋愛の要素を求めているようです。「これぐらいの相手であれば惚《ほ》れることができる」という基準で条件を定めるため、条件が厳しくなってしまいます。

しかし、婚活に恋愛の要素はいりません。特別な恋愛感情がなくても、一緒にいてお互いが心地よく感じられるなら、それで十分です。恋愛の熱に浮かされての結婚は危険です。相手に惚れている状態では冷静な判断ができませんから。

昨今の離婚率の高さは恋愛結婚が増えていることも要因のひとつなのではないかと

僕は考えています。お見合い婚こそ合理的です。婚活で結婚相手を探すというのは、長い目で見れば安定した結婚生活を送るうえでのアドバンテージになるでしょう。

婚活を成功させるためにも、サンクコストにとらわれることなく、「ここだけは譲れない」という軸を持って臨みましょう。

サンクコストという考え方を知っておくと、婚活だけでなく、これからの長い人生のなかで非常に役立ちます。

車や家といった高額な買い物、転職活動、子どもの進路など、さまざまな場面で「せっかくここまでやってきたんだから」という考えが頭をもたげます。仕事や買い物などの日々の生活のなかで「サンクコストにとらわれないぞ」と意識してものごとを判断し続けることで、いざというときにも正しい決断ができるようになるでしょう。

相談②への答え　行動の「マニュアル化」で理想の夫に

このような状況のカップルは多数いると推測されます。由香さんの彼はおそらくグレーゾーンのアスペルガーだと思いますが、これぐらいの気のきかなさは全体的にアスペルガー傾向を持っている日本人男性にはわりとよくあることです。

日本の女性は気配り上手な人が多いため、彼の気のきかなさを不安に思うかもしれませんが、これは愛が足りないわけでも、彼女をないがしろにしているわけでもありません。ただただ鈍いだけなのです。

由香さんの彼の場合、気がきかないという負の症状を持ってはいますが、真面目で仕事熱心というアスペルガーの長所を十分に生かしています。

プログラマーをしている彼は自分ひとりでの作業がメインの仕事に適性が高いということをよく理解しているのでしょう。将来独立するというのも、アスペルガー傾向の人には最適な選択だといえます。

結婚を躊躇していた由香さんでしたが、むしろ結婚するには好都合な彼というのが僕の見解です。たしかに気をきかせたり、素敵な演出でデートを盛り上げたりすることは苦手でしょうが、それを補って余りある魅力を備えた彼です。

気のきかない彼を直したいなら、気の使い方を教えてあげる必要があります。「もっと気を使ってよ」という抽象的な訴えは、なんの意味も持ちません。どうやって気を使えばいいのかわからないのですから。

スーパーで買い物をしたら、「重いほうの袋はあなたが持って」と言いましょう。その都度言うのが面倒であれば、「コーヒーを淹れるときは二人分」「ドライブのときは一時間に一回、サービスエリアに寄る」と気づかいマニュアルを用意して覚えてもらいましょう。

この手のタイプはマニュアルがあればそのとおりに動くことができるものです。本人にとっても、どう気を使えばいいのかわからないだけなのに、いきなり彼女が不機嫌になるより、マニュアルで明確に示してもらったほうがずっと楽。ある意味、とても操縦しやすいタイプといえるでしょう。

毎回同じお店に行くのも、初めての店で気後れするのがいやなのと、お店選びで失敗したときのコスト意識によるものだと思います。この慎重さは、たしかに恋人時代にはもの足りないかもしれませんが、結婚後は堅実さとして長所に変わります。

由香さんの彼はイニシアチブを奥さんに渡してくれる理想の夫です。そのことを理解した由香さんは、いま、家事の役割分担表と手順書を作成しているといいます。

第五章

「幸せな結婚生活」のために知っておきたいこと

相談③　妻がＡＤＨＤで部屋を片づけられない

結婚二年目の結城さん（三五）はカウンセリング・ルームに入るなり、

「妻が発達障害かもしれないんです」

と切り出しました。

「吉濱先生、これを見てください」

そう言って差し出したスマホの画面には自宅リビングの様子が映っています。ソファには雑誌が山積み。床にはたたみかけの洗濯物が散らばり、テーブルの上には汚れた食器。ゴミ箱は倒れ、ティッシュやお菓子の袋があたりに散乱しています。ゴミ屋敷とまではいかないものの、かなり散らかっていることがひと目でわかりました。

「家に帰ると、いつもこうなんです。もう疲れました……」

結城さんの妻、智恵さん（二八）は専業主婦。やさしく、おっとりした性格で、結城さんはそこに惹かれたといいます。家事が苦手でも、追いおい慣れていけばいいと思っていましたが、智恵さんの家事はいっこうに上達しないまま一年が過ぎます。

智恵さんは冷蔵庫の食材管理ができません。夫婦二人しかいないのに大量に買い込んでしまうのです。賞味期限切れの食材に結城さんが気づき、冷蔵庫の整理をするというのがいつものパターン。変色して異臭を放つ豚こま肉、半分液状になったほうれん草など、マスクとゴム手袋をしながらの作業になることもあるそうです。

料理に時間がかかり、結城さんが帰宅しても夕飯ができていないことも。いくつかのメニューを同時につくることができないらしく、味噌汁《みそしる》の具を煮立たせているあいだは味噌のパックとおたまを持ったまま鍋の前から動かないのだとか。

片づけや掃除も要領が悪く、テーブルを片づけるときはテーブルの上のものをソファに動かす。ソファを使うときはソファの上のものをまたテーブルに戻す。結局、何も片づいていないのですが、本人はそれなりに一所懸命やっているようです。

週末ごとに結城さんが片づけと掃除をし、三五年ローンで購入したマイホームをゴミ屋敷にしないよう食い止めています。智恵さんは妊娠中。子どもが生まれたら、ますます散らかってしまうでしょう。それより、まともに子育てができるだろうか。そんな不安を友人にもらしたところ、「もしかしたら発達障害かもしれないよ」と言われ、僕のもとを訪ねてきたということです。

結婚は「終わり」ではなく「始まり」と考える

婚活が無事成功したからといって安心はできません。結婚したら終わりではなく、むしろ結婚してからのほうが問題は山積みです。三組に一組が離婚するといわれていますが、経済力がないから離婚できないという潜在離婚カップルも多いはず。実質的に関係が破綻している夫婦は、もしかしたら半数近くいるのかもしれません。

結婚したらゲームクリアではありません。そこから新たなステージが始まるのです。おとぎ話や少女漫画では二人が結ばれてハッピーエンドという終わり方が多いようですが、結婚式の華やかなシーンを自分のゴールとして思い描いていると、結婚後に「こんなはずではなかった」と後悔することになります。

結婚生活を平和に維持するためには不断の努力が必要です。夫婦は放っておいたらもめるもの。これは発達障害であっても定型発達であっても変わりませんが、発達障害がある場合は、その症状のために、やはりもめる要因がより多く存在します。

発達障害のある夫婦がうまくやっていくためには、まずお互いの発達障害の特性を理解することから始めましょう。

本章では、発達障害を持つ夫婦が陥りやすい危機について解説していきます。幸せな結婚生活を送るためにも、実情を知っておきましょう。

わかってもらえないことで自信を失う「カサンドラ症候群」

カサンドラ症候群というのは、アスペルガーのパートナーと情緒的な結びつきを築けないために生じる身体的、精神的症状のことです。アスペルガーの夫を持つ定型発達の妻に発症するケースが多く、コミュニケーションがうまくいかない、わかってもらえないことで自信を失ってしまいます。

症状としては片頭痛や無気力、自己評価の低下、パニック障害、抑鬱などがあります。カサンドラ症候群に悩む人の書籍が出版されたり、ブログが話題になったりと、アスペルガー症候群の伴侶を持つ者の二次障害として関心を集めるようになりました。

カサンドラというのはギリシャ神話に出てくるトロイの王女です。太陽の神アポロンの恋人カサンドラはアポロンから予知能力を与えられます。

しかし、その能力によってアポロンに弄ばれた末に捨てられる運命にあることを知り、アポロンのもとを去るカサンドラ。それに怒ったアポロンは「カサンドラの予言を誰も信じない」という呪いをかけてしまいます。カサンドラが真実を伝えても、人々は決して彼女を信じようとしませんでした。

アスペルガーには内弁慶な人が多く、世間的には問題なく見られることがあります。したがって、その妻が友人などに相談しても、「何言ってるの、いい旦那さんじゃない」となかなか信じてもらえません。その葛藤を神話のカサンドラになぞらえ、カサンドラ症候群と呼ばれるようになりました。カサンドラ症候群という名前は学術的な用語ではなく、発達障害者の身近にいる人に生じる二次障害の通称として使われています。

夫と一緒に暮らしていても夫からの共感や共鳴を感じることがない、会話がない、話しかけると「結論は?」「で、何が言いたいの?」と返されてしまう。「子どものことは君に任せるよ」と育児を丸投げ。転職や引っ越しをなんの相談もなくひとりで勝手に決める。一事が万事、こんな感じなのです。これでは妻が心身のバランスを崩してしまってもしかたありません。

このカサンドラ症候群ですが、アスペルガーの症状が軽く、本人がそれを治したいと思っている場合にかぎり治すことが可能です。

症状の軽いグレーゾーン・アスペルガーであれば、マニュアルでたいていのことは対応できます。「朝のゴミ出しと食器洗いは夫の仕事」などとマニュアル化しておけば、家事や育児に協力してくれるようになるでしょう。

しかし、これはマニュアルをこなしているだけで、共感から生まれた協力ではありません。夫は相変わらず妻の話はムダが多くて聞きたくないと思っているし、自分から話しかけることもありません。

とはいえ、グレーゾーン・アスペルガーにはやさしい人が多く、妻がカサンドラ症候群で苦しんでいると知れば、「なんとかしなければ」という気持ちが働きます。

そういう気持ちがある場合は、「うん、うん」「そうだったの」「わかるよ」などと相づちを入れて、聞いているふりが上手にできるようになりましょう。心からの共鳴ではなくても、つまらなそうに聞き流すよりはずっとましです。聞いているふりであっても、会話の時間を持てることで、ある程度は夫婦間の溝が埋まります。

しかし、夫が強いアスペルガーの場合は共感性が非常に乏しいため、自分が態度を改める必要性が理解できません。このような状況で妻をカサンドラから回復させるのは、残念ながら、ほぼ不可能です。

妻がとりうる解決策としては、

◎別れる
◎夫をATMだと思って割り切る
◎家庭以外に軸足を持つ

の三つ。身も蓋もない感じではありますが、夫が重度のアスペルガーの場合、これ以外に逃げ道はありません。

転職や失業で経済危機に陥りやすい

発達障害を持つ人は自分に合った環境でなければ能力を発揮することが難しいため、

転職を繰り返す傾向にあります。そのため、収入が安定せず、経済的に困ることが多いようです。あまりに転職が続くと自信を失い、職探しをすることすらいやになってしまいます。その姿がパートナーの目には「仕事をする気がない」と映ります。

また、どんぶり勘定だったり浪費癖があったりと、金銭的にだらしないタイプも多いため、多額の借金を抱えている人もいます。借金の返済を新たなキャッシングで賄うといった自転車操業を繰り返し、気づいたときには複数のカードで限度額いっぱいに借金が膨れ上がっているという事態に陥ってしまうことも。

お金の使い方に問題がある場合はカードを持たせてはいけません。借金が大きくなる前に気づき、対策を練る必要があります。

また、自営業が多いというのも経済的に安定しにくい要因となっています。発達障害者には会社組織への適応が難しい人が多いので、自営業を営むこと自体はいい選択だといえます。その場合、ひとつの仕事に絞らず、複数の仕事をかけ持ちすることでリスクを分散させるように心がけましょう。また、パートナーが定型発達の場合はパートナーが会社勤めをすることで、より家計が盤石になります。

「共感性」の不足で夫婦生活に亀裂を走らせる

アスペルガーは、その主症状に「共感性がない」ということが挙げられます。男性はあまり共感性を求めないので妻がアスペルガーの場合には問題ありませんが、夫がアスペルガーの場合、その妻は大変つらい思いをしてしまいます。

妻の家事、育児の苦労をまったく考慮できず、家事の分担はおろか、手伝いすらしたがりません。また、妻が解決したいと思っている問題にも無関心で、相談されても上の空。それに対して妻が怒り出しても、どうして相手が怒っているのかがさっぱりわからないのです。

この共感性の部分は夫婦関係にとても大きな亀裂を入れてしまいます。また、アスペルガーはワーカホリック傾向が強く、自分に合った仕事についている場合、家族そっちのけで仕事にのめり込みます。そのまま放置しておくと、妻がカサンドラ症候群になってしまいかねません。

家庭生活に「合理性」を持ち込みすぎる

アスペルガーの人は非常に合理性の高い思考を持っています。仕事や勉強などでは有利に働くその能力も、家庭生活においてはそのかぎりではありません。合理性が過ぎて、妻や子どもをコストとして捉えてしまうのです。

これは恋の熱が冷めてくるころから顕著になっていきます。家庭を持つと時間も労力もとられるし、何よりお金がかかります。それがムダに思えてしまうわけです。家庭をコストだと思っていたのでは家庭生活に協力的になれるはずがありません。気持ちが態度に表れ、だんだん険悪になってしまいます。

一方、ADHDの人は共感性が高く、家族をコストとして捉えることはあまりありません。しかし、多動衝動性優勢型ADHDの場合、外の社会にばかり気をとられて、家のことはないがしろにしてしまいます。ADHDの人は要領が悪くて、家事や育児が下手《へた》。とくに多動衝動性優勢型だと部屋を散らかすばかりで片づけをしません。

意識が家庭の外に向くため、子どもに対する関心が低く、ネグレクト（育児放棄）の傾向が見られます。ボランティアでよその人の面倒は見るのに自分の子はほったらかしという状況に陥りがちです。

「興味がない」から家事に協力できない

アスペルガーの人は興味を持てる範囲が非常にかぎられています。好きなことは徹底的にやりつくすのに、やりたくないことは絶対にやりません。

家事を分担していても、自分がサボれば妻がやってくれるとわかると、次からいっさいやらなくなります。また、家のルールを守りません。夕食はみんなで一緒に食べると決めても、自分の分だけ別室に運んで、ひとりで食べたりしてしまうのです。

いちばん困るのは子育ての方針を引っくり返してしまうことでしょう。人に合わせることができないため、子どもを自分の生活習慣に引きずり込んでしまうのです。自分の偏食につきあわせて同じメニューばかり食べさせたり、休みの日に一日中ゲームをしていたり。

自分のやりたいこと、やりたくないことは、なんとしても譲りません。パートナーが話し合いを求めても、都合の悪いことに関してはだんまりを決め込み、話し合いを避けようとします。

ＡＤＨＤの場合、不注意優勢型は非協力的ではありませんが、家事や育児をテキパキこなすことができず、生活が回りません。

それに対して、多動衝動性優勢型は自分の楽しみが最優先なので、家族が犠牲にされがちです。女性の場合は趣味のサークルやボランティアなど外での活動ばかりに熱心で、家のことがおろそかになりがち。男性の場合は浮気やギャンブルで身を持ち崩してしまいがちです。

「言うことを聞いて当然」と考えてモラハラを起こす

言葉や態度などによって人の心を傷つける精神的な暴力やいやがらせのことをモラル・ハラスメントといい、一般的にはモラハラという略語がよく用いられます。芸能人の離婚の原因としてワイドショーなどで多く取り上げられ、「まさか、あの人が」という驚きとともに、モラハラという言葉も広まりました。

モラハラは男性の受け身型アスペルガーに多く、多動衝動性優勢型のＡＤＨＤにも見られます。モラハラを起こす男性は妻を自分の従属物だと考え、自分の言うことを聞くのが当たり前だと思っています。

妻をつねに自分の監視下に置こうとする。自分と関係のないところで妻が生きいきとしている様子を見ると途端に不機嫌になる。妻の注目がつねに全力で自分に向かっていることを求め、自分の世話より母親としての役割を優先すると腹を立てる。つねに命令口調で妻に指示を出し、自分の用事や欲求を最優先に満たさなければ異常なほど不機嫌になる。といった感じで、家庭内で暴君のように振る舞います。

しかし、外面だけはよく、周囲からは家事や育児に協力的なマイホーム・パパのように見られていたりします。それが妻をより孤立させてしまうのです。

最近では妻によるモラハラも増えてきています。妻によるモラハラの場合、アスペルガーの症状によるものより、発達障害の二次障害として精神疾患を起こしていることが要因となっているケースが多いようです。

いずれにしても、モラハラを受けていた場合、一刻も早く相手と距離をとることをおすすめします。また、自分がモラハラを起こしているようだと気づいたら、心療内科か腕のいいカウンセラーに相談しましょう。

「こうしたい」がまったく見えない

モラハラとは正反対のパターンですが、自分の意思を見せない人もいます。「こうしたい」という意思表示がなく、今後どうしていくか、家族の将来像がまったく見えません。パートナーがひとりで家族を導く役割を担わなければならなくなります。

このタイプは家庭に対する帰属意識が低く、家族の一員というより、たんなる同居人という程度の存在感になってしまいます。パートナーがリーダーシップを持っている場合はそれなりにうまく回りますが、そうでないと、「なんのために一緒にいるんだろう」と、むなしい、もやもやした気持ちを抱えてしまいます。

結婚したからには自分は家族の一員です。運命をともにするのが家族ですから、主体性を持って家族というコミュニティーに参加するよう意識していきましょう。

慢性的な体調不良と情緒不安定に悩まされる

発達障害の人は心身に不調をきたしやすくなっています。生まれながらに脳に器質異常を持っているため、ホルモンや神経伝達物質の分泌がうまくいかないことがあり、慢性的な体調不良や情緒の不安定に悩まされています。これは本人もつらいのですが、そのパートナーも大変です。家族になってしまうと良くも悪くも遠慮がなくなるため、心身に不調をきたしたとき、八つ当たりされてしまいます。

また、アルコールやギャンブルなどの依存症や、発達障害の二次障害としての精神疾患に陥ることも多々見られます。

睡眠をしっかりとる、適度な運動をする、低糖質高タンパク質な食事を心がけるといったように、日々の体調管理を心がけましょう。

内面が子どもで相手に「親役」を求める

発達障害を持つ人は内面が子どものまま体だけが大きくなったんじゃないかと思わせるような性質を持っています。その子どもっぽさの表れ方はさまざまですが、いずれにしても情緒がしっかり成熟していない様子がうかがえます。

まず、アスペルガーに多いのは言い訳癖です。劣等感からくる自己防衛心が強いため素直に謝ることができず、言い訳ばかりしてしまいます。その言い訳が理屈として破綻していたとしても、いっこうにひるみません。

また、アスペルガーや多動衝動性優勢型ADHDには内弁慶タイプも多く、結婚前と結婚後でパートナーに対する接し方がまったく違うということがあります。これは相手からしてみれば詐欺にあったようなものです。内弁慶タイプの人は家族に対してすぐにキレたり、仕事の愚痴を延々聞かせたり、外でのストレスを家族にぶつけたりしてしまいます。

また、向上心がなくて怠惰な生活に陥ってしまう人もいます。発達障害を持つ人、とくにアスペルガーはワーカホリックになって脇目も振らず働き続けるか、ひたすら怠惰にダラダラ過ごすかという両極端になりがちです。

僕自身、いまでこそ食事の時間もなく仕事をつめ込むほどのワーカホリックですが、二〇代のころは非常に怠惰で、四年間も引きこもりのニート生活を送っていたことがあります。

いずれにしても、パートナーはあなたの親ではありません。甘えた態度では愛想《あいそ》を尽かされてしまいます。

キャパシティーが狭くて家事が終わらない

キャパが狭く、ひとつ何かをやるだけで、すぐいっぱいいっぱいになってしまいます。家事も育児も、たくさんのことを同時並行的にこなさなければいけません。お湯を沸かしているときに宅配便が届いただけで、火にかけたヤカンの存在を忘れてしまうようでは困ります。

「赤ちゃん見ててね」と言われたら、赤ちゃんをじっと見ているだけではいけません。おもちゃで一緒に遊び、おむつを替え、抱っこして、ミルクを与える。それが「赤ちゃんを見る」ということです。いちいち「おむつ替えて」「遊んであげて」「ミルクあげて」と言われなくても動けなければいけません。

男性は基本的に同時並行処理が苦手なもので、「夫に洗濯を頼んだら、洗濯機が回っているのをずっと見ていた」という笑い話がありますが、発達障害者の場合、誇張ではなく、本当にこういうことをしてしまいます。

このようなパートナーにいちいち細かく指示を出していたのでは大変です。図解入りの作業マニュアルをつくり、それを参照しながら家事の分担をこなしてもらいましょう。

発達障害者の結婚生活がうまくいく「八つの方法」

本章の最後に、ここまでに挙げた夫婦生活の問題を改善するための具体的な方法を説明していきます。

自分のペースとスペースを確保する

ペースやスペースについては本書で何度も触れてきましたが、発達障害にかぎらず、結婚生活を円満に過ごすためには非常に重要なポイントです。

離婚した人に離婚の原因を聞くと、自分に都合よくあれこれ説明してくれますが、たいていの場合、根本的な原因は「いつも一緒にいるから」です。もともと人間は他者に対して大きな恐怖を持っています。つねに一緒にいれば、どれだけ信頼し合っていても、大きなストレスを感じて当然です。

育児ノイローゼがいい例でしょう。育児ノイローゼになるお母さんは決して子どもを愛していないわけではありません。たとえ愛する我が子であっても、赤ちゃんと二人きりという状態が長く続いたら大きなストレスになるのです。

一緒にいるストレスから逃れるために自分ひとりの時間と空間を確保しましょう。これは日々の生活のなかにシステムとして組み込むことが大切です。自宅の広さに余裕があるなら、それぞれの部屋を持つ。それが難しければ、せめて定期的にひとりで外出する時間をつくってください。「時間が空いたら、ひとりで出かけよう」ではなく、たとえば「日曜日の午前中はひとりの時間」といった感じで最優先事項として予定に組み込んでおくのです。

家にいなければいけない。夫婦は一緒にいなければいけない、母親は子どもと一緒にいなければいけない。このように「〇〇しなければ」とがんじがらめではストレスがたまる一方です。

また、流動性のない環境では、つねにもめごとが起こります。人間関係のトラブルは人の内的要因ではなく、外的環境から生まれるものです。わかりやすい例が学校でのいじめ。小中高では起こるけれども、大学ではまず見られません。

これは小中高では学級のメンバーが固定されており、閉ざされた流動性のない環境で軋轢《あつれき》を生じやすいからです。それに対して、大学では講義ごとに受講生の入れ替えが起こります。気の合わない学生がいても、いつも一緒というわけではないため、ずっと気が楽なのです。

しかし、大学でもいじめは起こります。それはサークルや部活です。サークルや部活は流動性の低いコミュニティーなので、大学であってもいじめが発生します。

環境の流動性がなければもめごとが起こります。これは家庭であっても同じことです。それを解決するために時間と空間の確立が重要です。

発達障害者の場合、症状としてとくに自分のペースやスペースへのこだわりを強く持っています。発達障害者が幸福な結婚生活を営むには、究極的には別居婚や週末婚といった形態が理想です。一般的な結婚の概念に振り回されず、自分たちにとって快適なあり方を模索していきましょう。

子育ての方針をすり合わせる

夫婦ゲンカの多くは子どもに関することです。子どもがいる夫婦や子どもを欲しいと思っている夫婦は子育て方針をすり合わせておくことが重要です。できれば結婚前に、お互い結婚を意識し始めた段階でしっかり教育するか、のびのび育てるかといった大まかな方針を話し合っておくのが理想です。

子どもが生まれたら、子どもの成長に合わせて、こまめに教育方針の見直しをしていきましょう。夫婦の意見が合っていても、その方針に子どもが合っていないこともあります。成長するにつれて子どもの個性が見えてきますので、子どもの適性を探りながら柔軟に対応することが大切です。

苦手なものを列挙して対策を練る

〝日常生活を営むうえで、やらなければいけないけれども苦手なもの〟を列挙しましょう。そして、それに関する問題が起きる前に対策を練っておきます。お互いの苦手なものが明確になっていると、家事や育児の分担がとても楽です。

夫婦どちらも苦手なものは、家事代行サービスやベビーシッターなどにアウトソースすることも考慮に入れておきます。自分たちで丸抱えしようとするのは危険です。もし経済的な事情でアウトソースが難しいなら、明確な役割分担をしたうえで、「一週間頑張ったら、いつも発泡酒のところをビールにする」など無理のない範囲でのごほうび制にすると継続しやすくなります。

コミュニケーションの時間を設定する

発達障害の夫婦はコミュニケーションについてのトラブルが頻発します。

コミュニケーションといっても、のべつまくなしに話す必要はありません。雑談が苦手であれば、「入浴後、寝るまでの三〇分はお茶を飲みながら話をする」といったように、コミュニケーションをとるための時間を用意しておきましょう。

そして、それ以外は話さなくてもいいという前提にしておきます。時間を用意しておくことで、「その時間以外は雑談しなくてすむ」と気が楽になりますし、パートナーのほうも話を聞いてもらえないという不満がなくなります。

カウンセラーやコーチを活用する

結婚生活というのは思いのほかストレスがたまるものです。また、当事者同士では関係が近すぎて問題が見えにくくなってしまいます。優秀なカウンセラーやコーチを見つけ、とくに問題がなくても、月に一回はカウンセリングに通うようにしましょう。また、金銭面についても、優秀な税理士やファイナンシャル・プランナーをつけ、月一回ぐらい確認できると理想的です。

カウンセラーを選ぶ際、カップル・カウンセリング専業の人はおすすめしません。腕のいいカウンセラーは夫婦のこと、職場でのこと、子育てなど、人間関係の大半に対応できるものです。

カウンセラーのウェブサイトなどをチェックしてみましょう。情緒的な内容ばかり書いている人、人生論やパートナーシップ論を展開しているカウンセラーはやめておいたほうがいいでしょう。

裏づけのある心理療法を中心としたカウンセリングを展開していて、発達障害について正しい理解と改善策を持っているカウンセラーなら信頼できます。方向性を示すだけなら素人でもできます。具体的な手法こそが生活を改善させてくれるのです。

夫婦で目標を共有する

お互いの発達障害の症状を軽減するため、一緒に療育を行う時間を設けましょう。そして、短期、中期、長期と分けて目標を設定します。

目標を共有することで大きな連帯感が生まれます。また、夫婦で一緒に療育に励めば、お互いがお互いのトレーナーとなるため、効率よく療育が進みます。発達障害特有の悩みに対する理解が深いため、ともに励まし合い、パートナーとしての絆《きずな》も強まるでしょう。

第六章に時期別の取り組みリストがありますので、目標設定の参考にしてください。

デートなどの「非日常イベント」を定期化する

結婚してしばらくすると、休みの日でもデートをせずに、家にこもってダラダラ過ごすといったなれあいになっていくものです。家でくつろぐのは構いませんが、いつもそれでは関係がマンネリ化してしまいます。

退屈をこじらせると、人は鬱のような精神状態になっていきます。最初は疲れているから家で休んでいただけだったのが、しだいに家でダラダラ過ごすのが習慣になり、退屈なのに何もやりたくないという状態に……これではどんどん気分が沈んでしまいます。

恋人気分でデートに出かけたり、旅行に行ったり、非日常的なイベントを定期的に予定に組み入れましょう。仲のいい家族は家族旅行を神聖な行為として真っ先に予定に入れているという調査結果もあります。日常を一緒に過ごす相手だからこそ、非日常的な体験をともにすることが大切です。

仕事や趣味など別々の軸足を持つ

仕事、ＮＰＯ、趣味のサークル、ボランティア、習いごと。なんでも構いません。家の外に自分の居場所を持つようにしましょう。

外の世界との交流がないと、ものの見方がどんどん狭窄的になっていきます。また、家のなかにしか居場所がなくなるため、環境の固定化が起こり、もめごとも増えていくでしょう。

家族以外のコミュニティーに属することで、家族に対する過剰な依存を防ぐことができます。ストレスを抱えても鬱にならずに踏みとどまれる人、精神疾患にかかっても早期回復する人の多くは、外にサポート態勢を持っているものです。

トラブルが起きても相談できる人、手伝ってくれる人がいるため、気持ちがずっと楽になります。そういう人がいない場合、問題をひとりで丸抱えしてしまい、どんどん落ち込んでしまいます。外に軸足があることで気持ちが安定し、家族に対しても丁寧に接することができるようになるのです。

子どもが幼いと、お母さんは家に閉じこもりがちです。家のなかで子どもと二人きりでは早晩、育児ノイローゼになってしまうでしょう。自治体や保育園などで開催される子育てイベントやサークル活動に参加するなどして、積極的に家の外とかかわるようにしてください。

相談③への答え 「自分監視カメラ」でムダな動きを見える化

大人の発達障害の場合、改善プログラムは必ず本人に受けてもらいます。周囲がいくら困っていても、本人が問題を感じていなければ、改善のしようがないためです。

一カ月後、結城さんは智恵さんを連れてきました。智恵さんは典型的な不注意優勢型ADHDの症状を持っていました。智恵さん自身、片づけられるようになりたい、料理がうまくなりたいと思い、図書館で主婦向け雑誌を借りては読みふけっていたといいます。しかし、収納グッズばかりが増えて、部屋はいっこうに片づかず、食材を買っても、何を、どの料理に使うのかわからなくなってしまう。いちばん困っていたのは智恵さん本人だったのです。

その翌月、智恵さんはひとりでやってきました。医療機関で検査をしてもらったところ、やはりADHDの診断が下りたということです。こうして智恵さんの発達障害改善プログラムが始まりました。

カウンセリングでは生活状況を丹念に聞きとり、優先すべき取り組みを一つか二つ智恵さんに伝えます。そして一カ月後、どれくらい実践できたか、どのような効果が見られたかを確認し、できていたら次の取り組みに進みます。これの繰り返しで、ひとつずつ問題を解決していくのです。

最初にリビングとキッチンにビデオカメラをとりつけ、普段の家事の様子を撮影しました。録画を見てみると、驚いたことに、テレビやスマホを見て遊んでいるような時間は見受けられませんでした。ほぼ一日中動き回っているのに家事がほとんど進まない。勤めに出ている主婦なら朝の一〜二時間ほどで終わらせてしまう家事に、まるまる一日かかっていました。

智恵さん自身、「こうして見ると、本当にムダな動きが多いですね」と驚いていました。「でも、どうすればいいのかわからないんです」と。そこで、家事のうまい人に家事を代行してもらい、モデルをつくることにしました。通常はプロの家政婦サービスを使って効率のいい動きを学びますが、智恵さんの場合はベテラン主婦の叔母さんにお願いしました。

目の前でテキパキ動く様子を見て初めて「家事ってこうやるんだ」と理解できたようです。ものごとを理解するとき、見て理解するタイプ、聞いて理解するタイプ、読んで理解するタイプがいます。智恵さんは見て理解するタイプでした。雑誌の記事を読んでもピンとこなかったことが、実際の動きを見たら腑《ふ》に落ちたのです。

また、叔母さんに調理器具や調味料の収納場所を変えてもらい、家事の動線が非常にすっきりしました。

片づけに関しては整理するより捨てることを前提に持ち物を見直しました。大きなゴミ袋一〇枚を一カ月で使い切ったそうです。片づけは結城さんが主担当ですが、ものが減ることで散らかり方も落ち着き、片づけがずいぶん楽になったそうです。

その後、家事の手順をイラストつきのフローチャートに落とし込んで〝見える化〟しました。これによって家事の手順に悩むことがなくなり、スピードは格段に速くなりました。

夫婦で協力し、叔母さんもたまに様子を見に来てくれているそうです。母親だと何かとぶつかってしまうものですが、叔母という微妙な距離感がちょうどいいのでしょう。周囲の支えもあり、智恵さんの家事はだいぶスムーズになってきました。

出産が近いため、智恵さんのカウンセリングは中断していますが、ワーキング・メモリーと注意機能のトレーニングを自宅で続けているそうです。

「子育ても協力して頑張っていきます」と結城さんは笑顔で言っていました。

第六章

「幸せな結婚生活」を送るためのチェックリスト

相談④　アスペルガー夫の風俗通いが発覚

発達障害者の恋愛について記した『隠れアスペルガーでもできる幸せな恋愛』（ベストセラーズ）が出版されてからというもの、僕のもとには恋愛や結婚生活に関する相談が一気に増えました。

香織さん（三四）も、この本を読んだことがきっかけでカウンセリングに足を運んでくれたひとりです。結婚六年目、五歳の男の子と二歳の女の子の母である香織さんは、ご主人の風俗通いに悩んでいました。

「私はアスペルガーなんだと思います。私がストレスをかけるせいで夫は遊んでしまうのでしょうか」

と目に涙をためて訴える香織さん。

夫の遊び癖が発覚したのはカウンセリングの二週間前のことです。ご主人の親友が遊びに来た際、酔っぱらってご主人の遊び癖を暴露してしまったといいます。家計をしっかり管理している香織さん。ご主人は月三万円のこづかい制で、飲み会などのイベントがあればその都度、必要な分だけ追加で渡しています。

どこから風俗に通うお金が出ていたのかと調べてみたら、クレジットカードのキャッシング・リボを利用していたことが判明。利用額は三〇万円を超えていました。ご主人の普段の様子を聞いてみると、多動衝動性優勢型ADHDの気配が漂います。本人に直接会ったわけではないので断定はできませんが、その線が濃厚だということで対策を講じました。

活動的で衝動的、欲求を我慢できないこのタイプは新しもの好きで飽きっぽく、その興味が異性に向いてしまった場合、不倫や風俗に走りやすい傾向があります。また、どんぶり勘定で金銭的にルーズ。借金を抱えやすい傾向を持っているのです。

恋愛〜婚約期のチェックリスト

第五章では結婚生活において起こるさまざまな問題と注意点についてお伝えしました。本章では何を、いつやればいいのか、時期別にやることをリストアップしていきます。幸せな結婚生活を送るためのチェックリストとしてご活用ください。

恋愛〜婚約期は幸せな結婚生活を送るために、ある意味、最も重要な時期です。この時期は恋愛独特の高揚感がありますが、浮かれず、今後のためにしっかり準備しておきましょう。

お互いを知る

□お互いの発達障害の傾向や症状を知る
□長所と短所をリストアップする
□お互いの得意と不得意をリストアップする
□お互いのコミュニケーションにおける問題点を明確にする

相互理解のためのステップです。短所や不得意なことを挙げて相手を非難するのが目的ではありません。発達障害を持っていると、つい短所ばかりに目が向いてしまいますが、短所に負けないだけの長所を持っています。お互いに協力して補い合うための作業です。

次からのステップにも、ここでリストアップした項目が生かされます。

結婚後の生活を事前にすり合わせる

□理想の結婚像や相手に求めている役割を伝え合う
□結婚生活における必須行動をリストアップする
□得意と不得意にもとづいて明確な役割分担をつくる
□生活において譲れない点があれば相手に伝える

結婚生活に向けての下ごしらえです。これをせずに勢いで結婚すると、「こんなはずじゃなかった」と後悔することになるでしょう。面倒だし、相手に言いにくいことも多いと思いますが、とても重要なステップですので、しっかり話し合ってください。

結婚後の生活をシミュレーションする

□男女の脳の違いにもとづく、ありがちなもめごとをリストアップする
□適切な対応を模範解答としてルール化する
□非常時を体験させ、それを観察する

□それにもとづく、未来に起こりうる問題を予測する
□問題への具体的対処を考える

夫婦間のディスコミュニケーションは、そのほとんどが男女の脳の違いによって起こります。アスペルガーの場合、男性脳を極端にしたような特徴を持っているため、男女の脳の違いについて知っておくことはとても役立ちます。「そもそもの考え方が違うのだから、もめて当たり前」というスタンスで、事前にシミュレーションしておきましょう。

また、いざというときの対応力を知るために、初めての場所に旅行に行くなど、あえてトラブルが起きそうなシチュエーションを用意し、そのときの相手の対応を見てみましょう。

すぐにパニックになる、ボーッとしていて問題に気づかない、「帰りたい」と逃げ腰になるなど、普段は気づかない一面が見えるでしょう。対応力が低かったとしても、それが許容範囲内であれば、事前に対策を練ることで今後に備えることができます。

婚約〜結婚期のチェックリスト

結婚は大変めでたいイベントです。しかし、同時に新たな大きな問題の始まりでもあります。今後起こりうる問題に対し、覚悟を決めておきましょう。

結婚前の最終確認をする

□経済観念をすり合わせる
□消費行動を確認する
□貯金額と借金額を確認する
□職業と勤務形態、仕事に対する意識を確認する
□転職希望の有無を確認する
□離婚した夫婦に話を聞く
□うまくいっている夫婦に話を聞く

この時期に大切なのは経済的な見通しです。家計が回らなければ結婚生活はすぐに

破綻してしまいます。しかし、あまり親しくないうちに相手のお金や仕事について根掘り葉掘り聞くのは失礼です。結婚が現実的になってから、お互いに包み隠さず話し合いましょう。

結婚したいあまりにウソをついてしまう人もいるようですが、それは絶対やってはいけません。ウソはいずれバレるものです。お金や職業に関するウソは離婚に直結してしまいます。

また、身の回りにいる離婚した夫婦、うまくいっている夫婦にたくさん話を聞きましょう。離婚している人に話を聞くのは気が引けるかもしれませんが、案外、本人は愚痴を聞いてほしかったりするものです。「ぜひ、お話を聞かせてください」という素直な気持ちでお願いすれば、話してくれる人が多いと思います。

結婚～三カ月目のチェックリスト

いよいよ結婚生活が始まります。この時期は結婚に関する諸手続きや引っ越しなどで非常に忙しい時期です。なので、あまり多くのことに取り組む必要はありません。

新婚のうちにすべきことを確認する

□セックスについて勉強する
□新しい体験を計画する

この時期に取り組んでおきたいことはセックスの向上と今後の計画です。セックスは「夫婦生活」とも呼ばれるくらい夫婦にとって重要な事柄です。まだ新鮮な気持ちのあるうちに、しっかりお互いの満足度を高めておくことが夫婦円満の秘訣です。「これはどう?」と相手の反応を確認しながら、お互いの癖やツボを探り合ってみましょう。感じ方は一人ひとり違います。前の恋人が喜んでいたテクニックをいまのパートナーも喜んでくれるとはかぎりません。ひとりよがりなセックスをしないためにも目の前の相手の反応をつぶさに観察することが大切です。

また、新しいお店に行くとか、新しい習いごとをするなど、興味があるけれどもやったことがなかったというものを羅列し、それを今後の予定に組み込んでおきます。これは夫婦二人で取り組めるものを選びます。なんのイベントもなく、愛だけで楽しい結婚生活を送るのは無理な話。とはいえ、愛が冷めてから新しいことを企画しようとしてもやる気が起きません。新婚のうちに先々のことまで決めておきましょう。

三カ月目～一年目のチェックリスト

生活も落ち着き、夫婦として自然に振る舞えるようになるころです。ここからが本当の結婚生活といえるでしょう。恋愛中には見えなかった姿を目にするようになり、お互いに何かと「思ってたのと違う」ということが起こります。展開が早いカップルでは離婚するところも出始める時期です。

結婚生活ですべきことを確認する

□本音を上手に伝えるための話法を身につける
□時間と空間を確立する
□結婚してから現在までに「あれ？」と思ったところを書き出す
□結婚してから現在までに「こんなはずじゃなかった」という期待外れを書き出す

□結婚してから現在までに我慢していたことを書き出す
□書き出したリストを持って、優秀なカウンセラーとの面談を定期的に受ける

まだこの段階ではお互いの溝は浅いので修復可能なことが多いものです。しかし、不満を我慢し続けていたのでは積もり積もった不満がいつか爆発してしまいます。不満は小さなうちに解消していきましょう。

アサーションの技術などを使い、相手を追いつめることなく自分の思いを伝えられるようにしましょう。夫婦でともに過ごしていれば、自分の思いどおりにならないことばかりです。それを我慢するのは、その場しのぎにすぎません。

また、結婚後三カ月たったあたりから、それぞれの時間と空間の確保が必須になってきます。新婚当初から確保できているのが理想ですが、そうでなかった場合、そろそろいつも一緒にいることに対するストレスを感じ始めているはずです。

このストレスは長く続くと、いつの間にか相手に対する嫌悪感にすり替わるという特徴を持っています。そうならないように、パートナーのいない時間や空間を確保す

ることが重要です。

一年目～三年目のチェックリスト

お互いの存在が当たり前になり、対応が雑になり始めるころです。それぞれの対応を見直し、軌道修正しながら、将来についても備えていきましょう。

夫婦のコミュニケーションの方法を確認する

□お互い「ありがとう」を癖づけする
□お互いにほめ合う

生活費を渡しても家事をしても、お礼ひとつ言われない。それではあまりにかいがないというものです。こうしたささやかな不満が長年積もると、修復し切れないほどの溝をつくってしまいます。

お茶を入れてもらったら「ありがとう」、重いものを運んでもらったら「助かるわ」と感謝の気持ちを素直に伝える習慣をつけましょう。

また、結婚生活が長くなればなるほど減ってくるのがほめ言葉です。食事がおいしかったら「おいしいね」、散髪してきたら「爽やかになったわね」と、たったひとこと伝えるだけで、気持ちが一気に明るくなります。

最初はとまどうかもしれませんが、慣れてしまえば口をついて当たり前のようにほめ言葉が出てくるようになるので、ぜひ習慣化してください。

夫婦のコミュニケーションの量を確認する

□夫婦会議の場を定期的に設ける
□夫は妻への共鳴ができているか確認する
□問題がなくても優秀なカウンセラーをつける

結婚後数年たつと、夫婦の会話は減ってくるものです。このままほったらかしにしていたら、どんどん会話はなくなっていきます。何気ない会話がなくなると、伝える必要のあることですら話すのが億劫《おっくう》になってしまいます。これでは、なんのための夫婦だかわかりません。

アスペルガーの場合はとくに日常会話が苦手なため、会話のない状態に陥りやすいものです。定期的に夫婦会議の場を設けて、仕事のこと、地域のこと、子どものことなどを報告し合いましょう。

発達障害の有無にかかわらず、夫は妻の気持ちに無頓着なものです。日々の会話で妻の話に共鳴できているか、こまめな確認が必要です。

会話もあるし、とくに問題はないと思っていても、月に一回ぐらいはカウンセラーのところに通うのが理想です。問題の芽が出る前に解決することができますし、いざ問題が起こったとき、すぐに相談できるプロがいるというのは心強いものです。

経済的な見直しをする

□経済状況を月一回確認する
□自営あるいは副業の準備する

毎月、家計について夫婦で状況確認を行いましょう。ファイナンシャル・プランナーなどに相談するのが理想ですが、なかなかそこまではできないでしょうから、家計簿を夫婦でチェックするぐらいでも構いません。家計簿をつけていなくても、通帳やカードの明細、買い物のレシートなど収入と支出を確認できるものがあれば大丈夫です。

また、これからの時流に合った働き方を模索していきましょう。定年まで働くというのは、しだいにスタンダードではなくなっていきます。「働き方改革」ということで、政府も副業を推進するようになってきました。

発達障害者は組織で働くことにあまり適性がありません。終身雇用制度が崩壊しつつあるというのは、ある意味、追い風といえます。自分の適性を生かした仕事を模索し、独立や副業の準備を始めましょう。

「日々の生活」と「非日常」の習慣を確認する

□別々の軸足を持つ
□美しい身なりをする
□非日常活動を定期化する
□新しい体験を計画、実行する

引き続き日常生活を円満に送るための習慣を継続しましょう。また、外食や旅行といった非日常の活動を定期的に実践することも大切です。どうしても毎日がマンネリになってしまいますので、たまには非日常というスパイスを投入し、新鮮な気持ちを取り戻しましょう。

新婚（結婚〜三カ月目）のころに立てた新しい体験の計画を、いよいよ実行するときが来ました。二人で新しい体験をすることで、二人の関係にも新鮮な空気が入ります。また、新婚のころの気持ちを思い出すきっかけにもなるでしょう。

リタイア後の生活を確認する

□それぞれ趣味を二〇個見つける

これはリタイア後の軸足としての趣味づくりです。リタイア後は時間が余りすぎて、趣味が一つや二つぐらいでは間《ま》が持ちません。老後に向けて暇つぶし能力を高めておきましょう。ＩＴや人工知能、ロボット技術などの進化によって人間のやることはどんどん減っていきます。いかに余暇を上手に過ごすかが、これからの時代を生きるうえでの重要なポイントです。

いまから老後の趣味を準備しろと言われてもピンとこないかもしれません。しかし、忙しいうちに暇になってからの趣味を育てておくことが大切です。年をとってから新しいことにトライするというのはなかなか難しい。リタイア後に充実している人というのは、働いているうちからさまざまなネットワークや趣味を持っているものです。

趣味を持っていなければ有り余る時間を夫婦二人で過ごさなくてはなりません。それでは息がつまってしまいます。そうならないように、若いうちから少しずつ趣味になりそうなものにチャレンジしてみて、リタイアするころまでに選別、熟成させておきましょう。若くて元気なときに面倒くさい仕込み作業をしておくというわけです。

まずは趣味候補を二〇個くらい挙げておきたいところです。家のなかでできることを一〇個、家の外でやることを一〇個。そのうち、ひとりでできることを五個、仲間とやることを五個という内訳が理想です。旅行やスポーツのような大きな趣味でも、「コーヒーは豆から淹れる」といった身近なものでも構いません。興味のあることにどんどんチャレンジしていきましょう。

子育てへの「そなえ」を確認する

□基本的な子育て方針をすり合わせる

□自身の幼少から学生卒業までの問題を羅列し、解決方法を明確にしておく（本やインターネットで調べる、専門家の話を聞くetc.）

子どもが生まれてからのチェックリスト

子育てに関する取り組みは、それだけで本が書けてしまうほどのボリュームがあるため、概要にとどめました。大切なのは子育ての方針を夫婦で一致させておくことと、子どもの気質や発達障害の傾向を知り、子どもに合った教育をすることです。

子育ての方針を確認する

□子どもの気質を分析する（何に興味があるか、のんびりかせっかちか、社交的かひとり遊びが好きか etc.）
□子どもの発達障害の度合いや傾向を知る
□そのうえで長期の子育て方針を見直す
□療育方針を夫婦間で合致させておく
□ペアレント・トレーニング（子の行動改善を促す保護者向けプログラム）を習得する
□夫はパートナーが妻より母としての立場を優先させることがあると理解する
□学校で起こりうる問題点を明確にし、それを事前に克服させる子育てに関する取り組みは、夫婦での取り組みと並行して行ってください。子どもが生まれると、子どもにばかり気が向いて夫婦の関係維持がついついないがしろにされてしまいます。しかし、両親が仲よくいることは子どもにとっていちばんの精神安定剤です。家族みんなが幸せであるためにも、夫婦が幸せであるよう努めてください。

相談④への答え　「代償行為」で原因ストレスを解消

今回のケースでは一般女性と不倫はしておらず、風俗店で遊ぶだけでした。そこで、まずご主人のクレジットカードを取り上げてもらいました。こづかいについては一度に三万円を渡さず、まず五〇〇〇円を渡し、残りが二〇〇〇円を切ったら新たに五〇〇〇円を補充するかたちにしました。お金がなければ、風俗に通うことはできませんから。

ご主人から反省の言葉があったということなので、香織さんには過去のことを蒸し返してネチネチ怒らないように努めてもらいました。風俗通いを理由にその人の内面を責めたりしてはいけません。また、奥さんが傷ついたり落ち込んだりする必要もまったくありません。

お金があるから行く。なければ行かない。それだけのことです。最初のころは我慢が必要でしょうが、行かない習慣がつけば、それが当たり前になります。

また、望ましい代償行為として、ご主人には運動に励んでもらいました。運動というのはストレスの発散作用が高く、性欲の制御にも効果があります。思春期の少年に運動が推奨されるのはそのためです。

楽しく継続できるようにスタンプカードをつくり、ジョギングをしたらスタンプをひとつ押すようにしました。スタンプカードがいっぱいになったら、ごほうびに大好物の焼き肉です。いかにも子ども騙《だま》しのような感じがしますが、これはトークン・エコノミーといって、認知行動療法にもとづく科学的な手法です。

また、香織さんにはセックスに対して積極的にかかわるように伝えました。お子さんがまだ幼く、とくに下の子は自我が芽生え始めて「魔の二歳児」と呼ばれる手のかかる時期。「セックスどころではないというのが正直な気持ちです」と言っていましたが、自分のリフレッシュも兼ねて前向きに取り組んでもらいました。

女性らしい服装をする。家にいるときも薄化粧をする。実家に子どもを預けて夫婦でデートをする。セクシーな下着を身につける。アスペルガーの傾向を持っているだけあって、スイッチが入るとどこまでも頑張る香織さん。工夫を凝らしていくうちに楽しくなってきたようで、

「結婚前によく使っていたラブホに久しぶりに行ってみました」

と照れながら話していました。

二人目のお子さんが生まれてからセックスレス傾向だったのが解消され、夫婦仲もよくなり、ご主人は家事や育児に少しは協力的になったといいます。こづかいは定額制に戻したようですが、「クレジットカードは、このままずっと預かっておくつもりです」と香織さんは笑っていました。

おわりに

僕が発達障害カウンセリングをするようになってから一一年。二〇〇〇人を超える人のお手伝いをしてきました。僕がつね日ごろ思っているのは、療育プログラムに発達障害者だけでなく、すべての人に取り組んでもらいたいということです。

発達障害への取り組みは科学的な裏づけのあるテクニックばかり。発達障害の有無にかかわらず、すべての人の能力を高め、パフォーマンスを引き出し、人生を豊かにするメソッドがそろっています。

これと同じことが結婚生活にもあてはまります。発達障害の改善法が人生そのものをよくするように、結婚生活を円満に過ごすための技術は社会生活全般を豊かにしてくれるのです。

結婚生活は社会活動の縮図のようなもの。夫婦というのは最も小さなコミュニティーの単位です。血のつながりのない赤の他人だった二人が家族としてともに歩んでいきます。当然、誤解やすれ違いも生じますが、それを乗り越えたとき、人生はより安定し、幸福なものになっていくでしょう。結婚生活を円満に送ることができれば、そのコミュニケーション技術や問題解決能力は、あらゆるシーンで活用可能になるのです。

発達障害を持つ人はコミュニケーションが苦手で、認知に偏りが大きく、結婚生活にトラブルを抱えがち。しかし、これまでの人生や人間関係でずっと苦しんできた発達障害者にこそ、結婚を通じて人づきあいの楽しさを知ってほしいと願っています。

また、モラル・ハラスメント、カサンドラ症候群などアスペルガーの扱い方がわからなくて苦労している人もたくさんいます。発達障害を持つほうが加害者であるかのように受けとられがちですが、自分自身を持て余している発達障害者本人が最も苦しんでいるのです。

発達障害の正体を知り、その取り扱いや攻略法がわかれば、発達障害を持つパートナーを苦しみから解放してあげることができます。そして、自分自身、長い結婚生活をずっと楽に過ごすことができるのです。

僕のカウンセリングを受けに来るカップルは、さまざまな問題を抱えています。しかし、ともに療育に励み、問題を解決し、パートナーシップを強固にした先に待っているものは毎日の幸福です。

結婚生活がうまくいくと子育てもずっとスムーズになります。夫婦仲がいいというのは子どもにとって最高の家庭環境です。仲のいい両親に育てられた子はのびのびと才能を発揮できるようになるでしょう。これは大きな社会貢献であるとともに、人生の大きな喜びです。

カウンセリングでの笑顔を見ると、独身の僕にもその喜びが伝わります。独身主義者の僕も、そのときばかりは気持ちが揺らいでしまうのです。

本書が幸せな結婚生活を送るための一助となることを、心から願っています。

吉濱ツトム

イースト新書
099

発《はつ》達《たつ》障《しょう》害《がい》と結《けつ》婚《こん》

2018年4月15日　初版第1刷発行

著者
吉《よし》濱《はま》ツトム

編集
畑祐介

発行人
永田和泉

発行所
株式会社
イースト・プレス
〒101-0051
東京都千代田区神田神保町2-4-7久月神田ビル
Tel:03-5213-4700　Fax:03-5213-4701
http://www.eastpress.co.jp

装丁
木庭貴信＋角倉織音
（オクターヴ）

本文DTP
松井和彌

印刷所
中央精版印刷株式会社

ISBN978-4-7816-5099-9